사랑하는 힘을 키우는 시간

모두를 위한 성교육

김항심 지음

책구름

사랑하는 힘을 키우는 시간

모두를 위한 성교육

프 롤 로 그

햇볕이 따뜻하던 날, 첫째 딸 태은이와 어딘가로 가던 길이었습니다. 운전석과 조수석에 나란히 앉아 오랫동안 밀려 있던 이야기를 바쁘게 주고받던 중이었어요. 무슨 이야기 끝에 태은이가 이렇게 말했습니다.

"그러고 보면 우리 항심이 참 잘 자랐어! 어떻게 그렇게 변할 수 있었어?"

이 말에 담긴 뜻을 잘 압니다. 어린 시절의 불행에 잠식되지 않고 명랑하게 잘 걸어 나온 나를 인정해주는 말이면서, 불안에 빠져 딸의 삶에 깊이 관여하던 엄마 역할을 과감하게 벗어난 나에게 대단하다고 손뼉 쳐주는 말이자, 여전히 성장하는 시간을 살아가는 지금의 나를 좋아한다는 의미라는 것을요. 차창 밖의 햇볕보다 딸의 말이 더 따뜻해서 그 말의 온기를 오래 만지작거렸습니다. 이 순간은 오래도록 기억에 남겠구나 싶었어요.

23년 전 태은이를 낳고 집으로 돌아온 날, 마루에는 태은이가 배 속에 있을 때 함께 썼던 석사 학위 논문이 도착해 있었어요. 엄마로 시작된 날, 여성학 전공자로서 새로운 길을 걷게 된 날이었습니다.

"너를 온 힘을 다해 사랑할게, 내 이름을 빛내는 일도 포기하지 않을게."

태은이에게 젖을 물리면서 했던 약속입니다. 우리는 서로를 가장 깊이 겪었습니다. 존재의 밑바닥과 민얼굴을 적나라하게 보았고, 감당할 수 없을 만큼의 뜨거운 사랑을 주고받았으며, 서로의 불안과 기쁨을 누구보다 가까이서 지켜본 목격자입니다. 내 삶의 변화가 시작된 출발점마다 깃발을 꽂아 표시해 본다면 그 자리에는 늘 태은이가 있을 것입니다. 저는 태은이를 낳았고 태은이는 저를 성장시켰습니다.

그런 우리가 여기까지 왔습니다. 이날의 장면은 우리의 23년이 누적된 결과입니다. 23년의 세월이 평화롭게만 흐르지는 않았습니다. 지금 스물세 살 동갑의 존재로 다정하게 어깨를 붙이고 있으니 시간을 잘 통과해 왔다는 안도감이 생깁니다. 저는 딸이 인정해주는 제법 좋은 엄마이고 딸이 닮고 싶다는 롤 모델입니다. 자기 삶의 주인으로 야무지게 살아가고 있는 딸은 제게 미래를 보여주는 교과서입니다. 딸 덕분에 저는 '나이다움'의 바깥에서 자유롭게 살아갑니다.

성교육 강사로서 부모님들을 만날 때 가장 먼저 전하는 말은 "부모가 먼저 변해야 한다"는 것입니다. 아이를 있는 그대로 온전히 사랑할 수 있는 부모가 되는 길은 멀고 어렵지만, 이 길로 용감하게 들어서지 않고는 좋은 부모가 되기 어렵다고 말입니다.

성교육 강사로서 이 말을 전하기 위해, 엄마로서 제 존재를 변화시키기 위해 치열하게 공부하고 노력했습니다. 고백하건대 과거에는 강사로서 내가 하는 말과 딸을 대하는 엄마로서의 태도가 다를 때도 있었습니다. 강단에서는 아이에게 자기 삶의 주인 자리를 돌려주라고 말하면서 집에 와서는 딸이 공부하는 책상 맡에 감독관처럼 앉아 있던 날들이었지요.

제가 각성하고 변화를 맞이한 이후부터 성교육의 내용도 달라졌습니다. 내 몸과 경험을 통과한 것들을 절실한 마음으로 전하게 될 수 있게 된 것입니다.

"아침에 다정한 눈빛으로 아이를 바라보셨나요?"

"아이의 이름을 낮은 목소리로 은근하게 불러주고 계신가요?"

"어제 아이와 마주 앉아서 이야기를 나눈 시간이 있었나요?"

성교육을 잘해보고 싶어 교육장에 온 분들에게 가장 먼저 드리는 질문입니다. 지금 내가 아이를 온전하게 사랑하고 있는지 돌아보라는 질문이기도 합니다.

아이를 키우면서 몸으로 깨달은 것이 있다면 사랑은 마음속에서 저절로 우러나오는 게 아니라는 것입니다. 사랑은 더 나은 방법으로 실천하기 위해 끊임없이 배워나가야 할 삶의 기예입니다. 그러려면 사랑을 방해하는 요소들을 공들여 들여다봐야 합니다. 사랑 역시 사회적 맥락 안에서 만들어지는 구성물이니까요.

아이에게 다정한 눈빛을 보내고 싶어도 경쟁 사회의 교육 담론에 잠식되어 있다면 엄한 눈초리로 공부하라고 다그치게 됩니다. '다 네가 잘되라고 하는 일'이라면서 부모의 의지대로 강제하는 것을 사랑이라고 믿게 됩니다. 아이와 마주 앉아 다정하게 이야기 나눌 시간과 마음이 있어야 '성교육'도 할 수 있지요. 그러니 부모가 먼저 변해야 합니다.

아이에게 삶의 주인 자리를 돌려주고 아이를 있는 그대로 존중하고 사랑하기 위해서는 사회의 폭력적인 담론들, 차별적인 현실, 남성다움과 여성다움을 강요하는 고정관념들을 해체하고 사랑의 언어를 새롭게 써나가는 실천이 필요합니다.

먼저 우리 몸에 들어와 있는 사회의 규범, 고정관념, 타인의 평가를 들어내는 일부터 해야 합니다. 그래야 공간이 생기고 그곳에 새로운 규범과 윤리를 담을 수 있게 됩니다. "숙제해라, 공부해라"라는 말 대신 "네가 하고 싶은 것을 해도 돼"라는 말 한마디를 전하는 일도 부모의 존재가 바뀌어야만 가능합니다. 존재 전체가 흔들려야 변화가 옵니다.

성교육은 어떤 공부보다 어렵지만 지금 시대에 절실하게 필요한 공부입니다. 우리 사회에서 목격되는 폭력의 문화를 사랑의 문화로 바꿔내는 일은 우리 일상의 가장 작은 자리에서부터 시작되어야 합니다. 일상에서 작은 행위로 표현되는 사랑이 우리를 더 나은 존재로 성장하게 할 것입니다.

성교육은 섹스가 단순히 성기의 결합이 아니라 '사랑이 눈에 보이도록, 피부에 느껴지도록, 마음이 알아차리도록, 보여주고 들려주고 만져주는 일련의 과정이라는 것'을 알려주는 일입니다. 어른이 아이들에게 전해야 할 가장 중요한 메시지도 바로 이것입니다.

결국 성교육은 서로 사랑할 수 있는 존재로 성장하도록 돕는 일입니다. 자기 자신을 사랑하고 다른 사람을 사랑하는 일은 혁명과도 같은 일입니다. 있는 그대로의 모습으로 충분한 사랑을 받은 사람이 자기 자신을 사랑할 수 있고, 더 나아가 다른 사람을 사랑할 수 있습니다. 우리 사회의 폭력적인 성문화를 바꾸는 출발점입니다.

강의할 때도, 책을 쓰면서도 제 이야기가 그저 정의로운 선언이나 교과서적인 이론에 그치지 않고 어떻게 하면 일상이 변하는 구체적인 실천으로 이어질 수 있을까를 늘 마음에 둡니다. 책에 담은 내용은 이론적이고 체계적인 분석의 글이 아닙니다. 어른들이 선자리에서 바로 실천할 수 있는 말과 행동을 제안하는 내용입니다.

여성학 전공자이자 성교육 강사로서, 부모로서 스물세 해 동안 삶과 교육의 현장에서 몸으로 겪고 배워 온 생생한 실천의 지침들이 여러분의 삶에 가 닿길 바랍니다.

목 차

01   성교육의 주체가 되다

02　성교육의 시작: 자기 존중

03 자기 몸을 긍정하는 아이들

04 존중과 사랑이 전제된 '성적 관계 맺기'

05 성폭력에 저항할 힘 키우기

06 아이들의 질문에 답하다

01   성교육의 주체가 되다

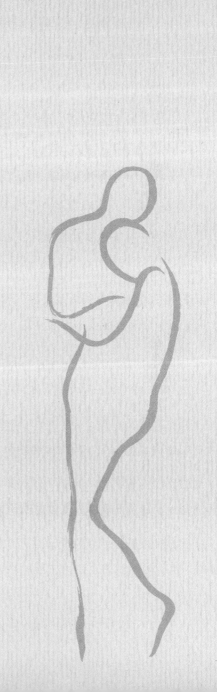

어른, 성교육을 준비해야 하는 사람들

어린이에게 글쓰기를 가르치는 선생님이 있습니다. 비가 오는 퇴근길, 문제집을 안고 우산도 없이 걸어가는 한 아이를 발견합니다. 선생님은 잠시 망설입니다. 비를 맞는 아이에게 우산을 씌어주고 싶지만, 혹여 아이가 낯선 어른에 대한 경계심을 풀어버리게 될까 걱정하는 마음이 들었기 때문이지요. 평소 수업 시간에 아이들에게 길에서 만나는 낯선 어른을 주의해야 한다고 전해오던 차였습니다. 그러나 계속 비를 맞게 둘 수는 없었기에 아주 조심스럽게 아이에게 다가갑니다. 깍듯한 존댓말로 자신을 소개하고 같은 방향으로 가는 길이니 우산을 씌워주겠다고 제안합니다. 함께 우산을 쓰고 가며 아이의 느린 발걸음에 속도를 맞추고, 아이에게 불필요한 말을 걸지 않도록 조심합니다. 아파트 입구에 다다르자 아이는 자신의 아파트 동·호수를 말하려 합니다. 선생님은 아이를 다급하게 막으면서 낯선 사람에게 자신의 집을 알려주는 일은 위험하다고 알려주고 아파트 앞까지만 데려다줍니다.

《어린이라는 세계》*에 담긴 저자의 이야기입니다. 사려 깊은 어른의 배려를 받은 어린이의 자리에 서서 이 장면을 다시 읽어보니 이 세계가 단박에 안전한 곳으로 여겨졌습니다. '세상에는 참 좋은 어른이 많구나, 이런 어른이 있다면 나는 안전하게 어디든 다닐 수 있겠구나' 하는 안심이 들었습니다. 아이를 키우는 부모뿐 아니라 아이가 있는 공간에서 일하는 분들을 대상으로 하는 교육에 조금 더 절실해지는 마음이 있습니다. 방과 후 선생님, 돌봄 선생님, 상담사, 아동보호사 등 제가 교육에서 만나는 어른들에게 각별한 당부를 드립니다. 아이가 일상에서 만나는 어른의 눈빛, 말 한마디가 아이의 삶에 아주 중요한 무늬로 새겨지므로 더 섬세하게 존중하는 연습을 해야 한다고 말입니다. 어른은 아이들의 세계입니다.

'성교육을 누가 해야 하는가?'라는 질문을 자주 받습니다. 교사인가? 엄마인가? 아빠인가? 양육자··인가? 저는 '어른'이라고 답합

• 《어린이라는 세계》 김소영, 사계절, 2020
• • 최근 교육 담론에서는 '양육자'라는 용어를 사용하기를 제안한다. 교육의 주체를 '엄마', '아빠', '부모'라고 전제했을 때, 양육의 역할을 수행하고 있는 다양한 존재들을 소외할 가능성이 있기 때문이다. 자녀 교육의 주체로 '엄마'를 호명할 때 교육의 책임을 엄마에게만 전가할 위험이 있다는 점도 같은 이유다. '양육'의 사전적 의미는 '아이를 보살펴 자라게 한다'이다. 아이와 같이 생활하는 어른들을 모두 포함하는 용어로 부모 대신 양육자가 더 적절하다. 필자 역시 부모교육의 자리에서는 '양육자'라는 호칭을 선호한다.

니다. 엄마나 아빠로 불리는 어른, 고모나 이모부, 아저씨, 아주머니라고 불리는 어른, 선생님이라고 불리는 어른, 텔레비전에 나오는 연예인 어른, 책을 쓰거나 예능을 만드는 어른…… 아이들이 일상에서 마주치는 어른과 아이들에게 말이나 글, 영상으로 메시지를 주는 어른들은 모두 '성교육을 준비해야 하는 사람들'입니다. 성적인 지식만이 아니라 성, 사람, 관계, 사랑에 관해서 전하는 모든 말과 태도, 행동이 성교육에 포함되기 때문입니다. 여기서 자신은 성교육과 상관없다며 뒷짐을 지는 어른은 없어야 합니다. 모든 어른이 이 책의 독자가 되었으면 하는 이유입니다.

성교육은 부모가 먼저 시작해야 합니다

N번방 텔레그램 성 착취 사건'은 모두를 충격에 빠지게 했습니다. 사건이 알려진 이후 어른들은 질문하기 시작했습니다. 우리 아이들이 가해자가 되지 않게 하려면, 우리 아이들이 피해자가 되지 않으려면 무엇을 가르쳐야 하는가. 성교육을 어떻게 해야 하는가. 성교육 전문가를 개인적으로 초빙해 소규모 수업을 받는 것이 유행이라는 소식도 들려옵니다.

성교육의 중요성이 확대됐다는 점은 긍정적인 변화이지만, 저는 질문의 방향부터 바뀌어야 한다고 생각합니다. 아이들에게 어떤 교육을 제공해서 가해와 피해로부터 보호할 수 있는지에 관한 질문보다 부모인 우리가 어떻게 변해야 하는지 먼저 물어야 합니다.

• N번방이라고 불리는 텔레그램 성 착취 사건은 '추적단 불꽃'이라는 이름의 두 여성이 N번방에 잠입해 취재한 후 언론에 알려지게 되었다.《우리가 우리를 우리라고 부를 때》는 두 여성의 용감한 취재 기록이다. 디지털 성폭력이 얼마나 심각한지, 우리가 모르는 사이버 공간과 우리 아이들이 어떤 환경에서 자라고 있는지 세심하게 들여다볼 수 있는 책이다.《우리가 우리를 우리라고 부를 때》추적단 불꽃, 이봄, 2020

《아기는 어떻게 태어날까?》* 라는 동화책이 아이들의 과도한 성적 호기심을 자극해 문제가 될 수 있다는 논란이 있었습니다. 한 국회의원이 이 책을 국회에서 펼쳐 보이며 "아이들의 조기 성애화를 부추긴다"는 문제를 제기한 것입니다. 여성가족부가 젠더 감수성이 잘 반영된 동화책들을 선정해 만든 '나다움 어린이책'** 목록의 한 권이었지요. 덴마크 작가가 1970년대에 쓴 이 동화책은 현재 덴마크의 교과서에 실려 있습니다. 전 세계의 다양한 나라에서 번역될 정도로 아이들의 눈높이에 맞춰 아기가 태어나는 전 과정을 잘 표현합니다. 엄마와 아빠의 벗은 몸이 삽화로 등장하고 구체적인 성관계 장면을 묘사하고 있어, 우리나라에는 비교적 늦게 번역됐습니다. 최근 '젠더 감수성'에 대한 인식이 높아지면서 아이들에게 읽

• 《아기는 어떻게 태어날까?》 페르 홀름 크누센, 정주혜 옮김, 담푸스, 2017

• • '나다움 어린이책'은 여성가족부가 2018년부터 사회단체 및 민간기업과 3자 협약을 통해 성별 고정관념이 아닌 어린이의 자기다움을 긍정하고 존중하는 책을 제공하고자 시작한 사업이다. 여성가족부는 《아기는 어떻게 태어날까?》 논란 이후 '나다움 어린이책'을 보급했던 5곳의 초등학교에서 7권의 책을 회수하기로 결정했다. 《아기는 어떻게 태어날까》, 《아기가 어떻게 만들어지는지에 대한 놀랍고도 진실한 이야기》, 《걸스 토크》, 《엄마는 토끼 아빠는 펭귄 나는 토펭이》, 《여자 남자, 할 일이 따로 정해져 있을까요?》, 《자꾸 마음이 끌린다면》, 《우리 가족 인권 선언(엄마 · 아빠 · 딸 · 아들 4권)》이다.

어주면 좋은 책으로 꼽히기도 합니다. 저 역시 아이를 키우는 부모를 대상으로 하는 교육에서 함께 읽고 이야기를 나누는 책입니다.

《아기는 어떻게 태어날까?》에 문제 있다고 여기는 어른들이 당황해하는 장면은 성관계가 '재미있고 신나는 일'로 표현된 부분입니다. 이렇게 구체적으로 아이에게 알려줘도 되는가?라는 당혹감이지요. 섹스가 재미있다는 것을 알려주면 당장이라도 큰일이 날 것 같은 불안감이 생기는 겁니다.

이 책은 성관계가 재밌고 신나는 일이라는 전제 조건으로 '사랑하는 엄마와 아빠'에 대해 반복해서 이야기합니다. 성관계는 사랑하는 엄마와 아빠가 정성스럽게 나누는 행위이기 때문에 재밌고 신난다는 의미를 담고 있지요.

아이를 무릎에 앉히고 다정한 목소리로 이 책을 읽어주는 상상을 해보세요. "나는 어떻게 태어났어요?"라고 묻는 아이에게 "서로 사랑하는 엄마와 아빠가 나누는 재미있고 신나는 성적 관계를 통해 네가 태어난 거야"라고 말해 준다면, 아마도 아이는 자신이 얼마나 소중하게 태어난 존재인지를 느낄 수 있을 것입니다. 사람이 어떻게 태어났는지에 대해 아이들 눈높이에 맞춰 사실 그대로 그려진 동화책도 읽어 줄 수 없다면, 우리 아이들은 도대체 어디에서 어떤 방법으로 이 궁금증을 해결할까요?

　우리 사회는 아주 은밀하고도 폭력적인 방식으로 '섹스=쾌락'으로 포장합니다. 내 아이만은 끝까지 보호할 수 있다는 생각은 부모의 착각으로 끝날 가능성이 큽니다. 아이들은 이미 부모에게 들키지 말아야 할 은밀한 호기심을 지니고, 폭력적인 방식으로 상품화된 성문화 속에 있을지도 모릅니다.

　부모가 성교육의 주체가 되는 일은 중요합니다. 성교육은 삶을 살아가는 일상의 교육이기 때문입니다. 우리 아이들이 폭력적인 문화에 잠식되기 전에, 성이라는 것을 은밀한 호기심으로 배워가기 전에, 부모가 먼저 '섹스는 사랑하는 사람끼리 서로 존중하면서 나눌 때 정말 재미있고 신나는 것'이며, '이를 위해서는 준비돼야 할 것이 많다'는 메시지를 전해야 합니다.

성교육으로 이뤄가고 싶은 일

대학에서 여성학을 공부하던 당시 저를 해방해준 말은 '개인적인 것이 정치적인 것이다'라는 문장이었습니다. 이제껏 살아오면서 가정과 학교, 사회 곳곳에서 사사로운 일이라고 치부했던 폭력이 사적인 일이 아니라 가부장제에서 살아가는 여성이라면 누구라도 겪을 수 있는 일이라는 것을 깨닫게 되었지요. 그렇게 시작한 공부의 길이 마음을 다해 성교육을 전하고 싶은 지금의 저로 이끌어왔습니다.

성교육 현장에서 한 아이를 만났습니다. 저에게 성교육 강의를 들었던 엄마의 요청으로 열 명 정도 여자아이들 앞에 강사로 섰을 때였습니다. 아이들과 대화를 나누며 교육하는 내내 말없이 고개를 숙이고 있던 아이가 수업이 끝난 뒤 조용히 저를 찾아왔습니다. 고개도 들지 못하고 웅얼거리는 데 '무슨 문제가 있구나!' 직감했지요. 마침 디지털 성폭력*에 대한 이야기를 했던 참이었습니다.

---

* 디지털 성폭력이란 동의 없이 사진이나 영상을 촬영·유포하거나 이를 빌미로 협박하는 행위 등을 의미한다.

"무슨 고민이 있니?"

"저, 저……"

"말해도 돼. 선생님이 도울 일이 있으면 도울게."

"사실은 제 카톡으로 자꾸 이상한 문자가 와요."

몇 주 전 카톡으로 모르는 사람이 문자를 보내와 몇 번 대화를 주고받다가 조금 친해졌다고 합니다. 그러다가 얼굴 사진을 보내고, 다리 사진을 보내고, 성기 사진까지 보냈는데 그 뒤부터 계속 성적 욕설이 담긴 문자가 오면서 만나 달라고 한다는 것이었습니다.

어떤 협박을 받고 있는지 한눈에 그려졌습니다. 부모에게는 차마 무서워서 말을 못 한다고 우는 아이에게 "이건 너의 잘못이 아니야. 내일 다시 와서 네 곁에 있을게. 오늘 밤 잘 생각해서 용기를 내 보자"라고 했습니다. 신고해야 협박을 멈출 수 있고, 신고하려면 부모님이 아셔야 한다는 말을 덧붙이면서요.

그날 집으로 돌아온 저는 밤잠을 설쳤습니다. 아이가 헤쳐나갈 수 있도록 잘 도와야 한다는 걱정이 마음을 무겁게 했지요. 다음날 해바라기 아동센터˙의 전문가 선생님과 상담 후, 아이를 만나러 갔습니다. 다행히 아이는 신고하겠다고 용기를 냈고, 아이에게 허락을 구한 뒤 곧바로 담임교사를 만나 아이가 겪고 있는 폭력의 상황을 전했습니다. 선생님께 부모와 상의 후 꼭 신고해 주시고, 그 과정에서 아이의 마음이 다치지 않도록 세심하게 살펴주시길 부탁드렸습니다. 도움이 필요하면 해바라기 아동센터 전문가에게 문의하라는 당부도 함께 전했지요.

교사가 아니라 외부 강사인 제게 아이들을 대상으로 강의할 수 있는 공간은 많이 주어지지 않는 것이 현실입니다. 성폭력예방교육이 의무교육이 된 후 기관이나 기업에서 1~2시간 정도 특강 의뢰가 오는 것이 대부분이지요. 그나마도 학습자들이 자발적인 학습 의지를 갖추고 참여하는 경우는 거의 없습니다. 이렇다 보니 강사로서 회의감에 젖어 들 때도 있습니다. 성폭력예방교육에 참여한 학습자들에게 제 교육이 잘 전달되기를 바라면서도, 교육 대상자가 드러내는 불편함을 마주할 때면 의기소침해지는 것이지요.

• 아동 성폭력 피해자를 지원하는 센터(child1375.or.kr). 법률지원과 의료지원 및 피해 아동과 부모를 위한 심리치료 프로그램까지 체계적으로 지원한다. 전국에 위기지원형 · 아동형 · 통합형 센터로 구분돼 운영하고 있다. 위기지원형 센터는 피해자에 대한 긴급 지원을 중심으로, 아동형 센터는 19세 미만 아동의 심리치료를 중점적으로 지원한다. 통합형 센터는 위기지원형과 아동형을 함께 운영하는 센터를 일컫는다. 집중적으로 지원받고 싶은 분야에 따라 선택 이용할 수 있다.

그러나 제 강의를 듣는 사람 중에 도움이 필요한 성폭력 피해자가 있을 수도 있고, 제 강의를 들은 한 사람이 다른 사람에게 힘이 되는 연결 고리를 만들어 줄 수도 있기에 마음을 다하려고 노력합니다. 단 한 사람이라도 제 눈을 바라보고 집중한다면, 제 교육에 온 마음을 담아야 하는 충분한 이유가 됩니다.

제가 전하는 성교육을 통해 누군가가 폭력의 피해자로 머무르지 않고 폭력에 저항하는 사람으로 나아가게 되기를 간절하게 바랍니다. 이것이 날마다 강의에 담고 싶은 진심입니다.

혐오와 폭력을 뛰어넘는 '젠더 감수성'

어느 중학교에서 급하게 교육을 요청한 적이 있습니다. 자해하는 여학생과 상담하다 보니 성교육이 시급해 보였던 것입니다. 해당 학생은 남자 친구와 성관계를 했고 그 후로 불안감을 느끼면서 자해까지 하게 되었답니다.

무엇이 그토록 불안했던 걸까요? 성관계를 한 자체가 두려운 일이었을까요? 아니면 임신에 대한 두려움 때문이었을까요?

남자 친구와 성관계 후 주변에 소문이 나기 시작했습니다. 남자 친구가 떠벌리고 다녔고, 이야기를 들은 몇몇 친구들이 자신을 '걸레'라고 부르며 자기와도 성관계하기를 요구하는 폭력적인 상황에 놓이게 되었습니다. 아이가 무엇을 두려워하고 있는지 이해하시나요?

가장 큰 문제는 남학생이 여학생을 존중하지도, 배려하지도 않았다는 점입니다. 상대를 인격적인 존재로 존중하고 관계를 소중하게 여겼다면 둘 사이의 일을 다른 사람에게 떠벌려서는 안 되지요. 다른 친구들이 성관계를 요구하는 폭력적인 행위도 벌어지지 않았을 겁니다. 이 아이들에게 필요한 교육은 무엇보다 사람을 존중하는 관계 맺기의 교육이었던 겁니다.

　외부 강사인 제게 주어진 45분이라는 수업 시간 동안 무슨 말을 해야 할까? 마음이 어려웠습니다. 또래 사이에서 일어나는 성폭력의 사례를 촘촘하게 알려주고 성적 경계를 존중하는 일이 얼마나 중요한 일인지 알려주는 것만으로도 시간은 너무 짧았습니다.

　존못, 화떡, 병신, 느금마·

　위에 열거한 단어들은 아이들이 또래끼리 있을 때, 인터넷 공간에서, 게임을 할 때 쓰는 혐오의 표현들입니다. 제가 교육 현장에서 만난 아이들이 실제 사용하는 언어이기도 합니다. 무슨 뜻인지 모를 때는 아이들에게 물어보기도 하고 검색을 해보기도 하지요. 부모교육 때 아이들이 쓰는 언어의 세계를 알려 드리면 충격받는 분들이 많습니다. 대부분의 아이는 부모 앞에서 이런 말을 쓰지 않으니까요.

　아이들이 쓰는 표현을 두고 '크면 저절로 안 쓰게 된다', '그저 말일 뿐인데 뭘 그렇게까지 예민하게'라며 대수롭지 않게 여기는 분들도 계시지만, 저는 '대수롭게' 봐야 한다고 생각합니다. 사람이 입으로 표현하는 언어는 그저 '말'일뿐만 아니라 그 사람의 '존재'를 드러내기 때문입니다.

'병신'이라는 말을 사용하는 사람이 장애인의 인권을 생각하고 존중하기는 어렵습니다. 곁에 있는 장애인의 인권을 어떻게 지켜줄 수 있을까를 고민하는 사람은 사용하지 않는 표현이지요. 말은 '태도'를 담습니다. 타인을 존중한다면 언어에도 '존중하는 마음'을 담기 위해 애를 쓰게 됩니다.

혐오는 단순히 감정적으로 싫은 것을 넘어 어떤 집단에 속하는 사람들의 고유한 정체성을 부정하거나 차별하고 배제하려는 태도[*]*를 의미합니다.

혐오 표현의 대부분은 여성을 비롯한 우리 사회의 소수자를 비난하고 차별하는 내용을 담고 있습니다. 혐오 표현이 우리 문화에 만연해 있다는 것은 무슨 의미일까요? 이는 우리 사회에서 여성과

- 존못(못생겼다는 의미의 속어), 화떡(화장을 떡칠하다의 줄임말, 주로 여성 비하의 의미로 쓰임), 병신(상대를 비하하는 의미의 속어), 느금마(상대의 엄마를 비하하는 의미의 속어)
- *《말이 칼이 될 때: 혐오 표현은 무엇이고 왜 문제인가?》홍성수, 어크로스, 2018

소수자·에 대한 차별 구조가 여전히 강력하다는 것을 보여줍니다. 차별적인 구조가 혐오의 언어를 만들어내고, 혐오 표현이 차별적인 사회구조를 강화하는 악순환이 이어지고 있는 것이지요. 이런 혐오의 문화가 우리 아이들의 언어 세계에까지 퍼져 있다는 것은 아주 위험한 신호입니다.

생물학적인 지식을 전해주는 성교육을 넘어서는 '새로운 성교육'에 대한 담론이 시작되는 것은 긍정적인 변화입니다. 그럼에도 박제된 성교육 안에 머물러 있는 어른들이 여전히 많습니다. 구체적인 성교육이 필요하다고 입을 모아 말하면서도 어떤 내용이 새로운 성교육 커리큘럼에 담겨야 하는지에 관해서는 상상력이 부족해 보입니다. 여전히 콘돔 사용법을 가르쳐야 하느냐 마느냐를 가지고 다투는 상황이 씁쓸할 따름이지요.

새로운 성교육은 '젠더 감수성(Gender Sensitivity)'··을 전제해

• 소수자는 역사적으로 불평등한 대우를 받아 왔고 현재도 사회에서 불이익을 받는 집단으로서 인종, 성별, 장애, 성적지향 등 고유의 특성을 함께 가지고 있는 집단 또는 그 집단에 속한 개인을 뜻한다.《말이 칼이 될 때: 혐오표현은 무엇이고 왜 문제인가?》홍성수, 어크로스, 2018

•• 젠더(Gender)란 사회적으로 만들어지는 성을 뜻하며, 젠더 감수성(Gender Sensitivity)은 우리 사회가 얼마나 성차별적인지를 인식하고 그런 사회에서 남성과 여성의 의식이나 행동이 어떤 영향을 받고 있는지를 민감하게 알아차리는 능력을 의미한다.

야 합니다. 성폭력 가해자가 되지 않는 것을 넘어서는 교육, 성폭력 피해자가 되었을 때의 대처법을 넘어서는 교육이 필요합니다. 우리 사회의 폭력적인 성문화를 진단하고, 혐오와 차별의식이 내면화된 주체들을 변화시킬 수 있는 보다 체계적인 교육이 절실합니다.

젠더 감수성이 녹아있는 새로운 성교육의 패러다임 안에는 서로를 인격적인 존재로 평등하게 존중하는 관점이 들어 있습니다. 서로를 존중하는 관계에서 맺는 성관계가 얼마나 중요한지, 그러기 위해서 상대를 어떻게 대해야 하는지, 나의 욕구대로만 움직이는 일이 상대에게 얼마나 큰 폭력이 되는지 알려줍니다.

여성의 성적 주체성에 관해서도 다뤄져야 합니다. 전통적인 교육의 체계 아래 여성의 성적 욕망은 늘 부정적인 것으로 인식됐습니다. 아예 성적인 욕망이 없는 존재로 여겨지거나 성적 욕망을 표현하고 실천하는 여성은 부정적인 평판에 갇혀야 했습니다. 이런 환경에서 여성은 건강한 '성적 자기결정권'·을 행사하기도 어렵고, 성

• 성적 자기결정권이란 누구와 사랑할지, 언제 어디서 성관계를 맺을지, 어떤 성적 행위를 선택할지, 임신과 출산에 관해 스스로 결정할 수 있는 권리다. 성별이나 장애, 연령, 성 정체성 등의 차이로 성적 자기결정권 행사에 제한이 없어야 하며, 누구나 자율적인 존재로서 성적 자기결정권을 행사하고 동시에 타인의 성적 자기결정권을 존중해야 한다.

적 관계에서 자신의 욕망을 표현하기도 쉽지 않습니다.

어릴 때부터 여자아이들에게 자기 몸의 주인으로서 자기 몸의 느낌에 집중해도 괜찮다는 메시지가 전해진다면 좋겠습니다. 성적 대상으로서의 몸이 아닌, 성적 주체로서의 몸으로 존재할 수 있도록 가정과 학교, 대중매체, 또래 문화에서의 성적 담론을 재구성해야 합니다. 젠더 감수성 교육이 개입해야 하는 지점이기도 합니다.

이제는 '포괄적 성교육'

유네스코는 아이들에게 성평등에 기반한 성교육을 제공해야만 첫 성관계 연령을 늦출 수 있으며, 서로를 존중하는 안전한 성적인 관계를 맺을 수 있는 성인으로 자랄 수 있다고 이야기합니다. 이런 성교육을 '포괄적 성교육'이라고 명명하는데요. 유네스코 교육 분과는 2009년 청소년들의 성장을 돕는 중요한 과제로서 '포괄적 성교육'을 어떻게 할 것인지에 대한 가이드를 발표했습니다. 그 후 10년 동안 세계의 각 나라가 실시한 포괄적 성교육의 성과를 분석하고, 더 나은 비전을 담아낸 것이 2018년 〈국제 성교육 가이드〉 개정판입니다.

2018년 개정판 〈국제 성교육 가이드〉가 전하는 '포괄적 성교육'의 핵심은 성교육이 임신과 출산에 관한 내용뿐만 아니라 자기 신체에 대한 긍정적인 인식, 사춘기 몸의 변화에 대한 정확한 정보, 성적인 권리에 대한 존중, 성적인 관계를 맺을 권리, 성적 폭력에 대항할 힘, 성병으로부터의 자기 보호, 성적인 소통을 잘할 수 있는 기술, 성차별을 인식할 수 있는 능력, 성별 고정관념을 비판할 수 있는 시각 등 성에 관한 총체적인 정보를 포함해야 한다는 것입니다. 또한 성교육을 일회적인 수업으로 끝내는 것이 아니라 아이들 성장주기에 맞춰 체계적으로 지속해서 제공해야 함을 강조하고 있습니다.

'포괄적 성교육'의 효과는 금욕을 중심으로 진행하는 보수적인 성교육•에 비해 청소년들의 건강한 성의식 형성에 실제 긍정적인 영향을 미치고 있습니다. 포괄적 성교육을 통해 청소년들은 자신의 존재를 긍정적으로 인식하고, 이를 바탕으로 보다 주체적인 성관계를 맺을 수 있는 역량을 키우며, 무엇보다 평등한 인간관계를 맺는 시민 의식을 갖추게 된다는 결과가 나오고 있습니다.••

• 미국의 부시 대통령 재임 기간 중 성교육의 원칙은 '금욕주의'였다. 혼전순결만을 강조한 결과 1991년부터 감소하던 재학 중 15세 이상 소녀의 임신율이 대폭 늘었고, 같은 연령대 소녀들의 매독과 임질 발병, 미성년 남자의 에이즈 발병도 역시 50~100% 증가했다고 한다. 한 연구에서는 금욕적 성교육을 받은 학생이 성 경험을 할 확률이 그렇지 않은 학생과 별 차이가 없다는 사실을 밝혔다.《젠더 감수성을 기르는 교육》박상욱, 민들레, 2020

•• "포괄적 성교육 프로그램은 성적 관계에서 자신의 권리에 대한 지식 향상, 섹스 및 관계에 대한 파트너와의 의사소통의 증가, 위험한 상황을 다루는 자기 효능감 증가를 포함하여 지식 및 태도에 단기적으로 긍정적인 효과를 나타낸다. 또한 심리사회적, 행동에 있어 장기적으로 유의미하고 긍정적인 효과가 있는 것으로 밝혀졌다. (중략) 젠더에 초점을 둔 프로그램은 의도하지 않은 임신이나 성병 비율 감소와 같은 건강 목표 달성에 있어 '젠더를 고려하지 않은' 프로그램 보다 훨씬 더 효과적이다. 이는 학생들로 하여금 젠더를 둘러싼 사회문화적 규범에 의문을 제기하고 성평등한 태도를 개발하도록 지원하는 전환적 콘텐츠와 교수법을 포함한 결과이다" Haberland and Rogow, 2015, 〈국제 성교육 가이드〉 2018년 개정판 재인용

우리나라는 입시 위주의 교육으로 인해 공교육에서 성교육을 배제해 왔습니다. 성교육의 물리적인 시간도 제대로 확보하지 않고˙ 내용 역시 청소년의 성을 통제해야 하는 것으로 보는 보수적인 상태에 머물고 있습니다.

2015년 교육부가 제시한 성교육 가이드라인의 기조는 아이들의 성적 욕망을 '금지 혹은 보류'하게 하는 것입니다. 심지어 '남학생은 누드에 약하고 여학생은 무드에 약하다', '여학생은 치마를 입어야 한다', '성폭력의 원인은 데이트 비용을 남학생이 주로 부담하는 것에도 있다' 등 기존의 성차별적인 관념을 그대로 드러내는 대목도 많습니다. 아이들의 성적 지향이나 성적 정체성으로 인한 고민과 갈등은 아예 언급조차 하지 않습니다.

아이들은 공교육 현장인 학교에서부터 체계적인 교육 과목으로 성교육을 받을 필요가 있습니다. 누구의 권리도 침해하지 않는 상태에서 성적인 관계를 맺는데 필요한 모든 구체적인 지식과 정보를 얻을 수 있어야 합니다.

˙ 2018년 교육과학기술부에 따르면 현재 학교에서 이루어지는 실질적 성교육 시간은 초등학교 5.17시간, 중학교 3.5시간, 고등학교 5.5시간으로 아이들이 학창 시절 12년 동안 받는 성교육은 총 14시간에 불과하다. 《성 인권으로 한 걸음》 엄주하, 을유문화사, 2020

포괄적 성교육은 아이들이 존중받아야 할 권리 중 그 어떤 것도 예외를 두지 않음을 원칙으로 하고 있습니다. 우리 교육은 아이들의 성적 권리를 존중하는 방향으로, 젠더 감수성이 잘 반영된 성 의식이 담긴 내용으로 나아가야 합니다. 누구든 성별을 이유로 차별받지 않아야 하며, 성적 지향 및 성적 정체성의 이유로 폭력과 혐오의 대상이 되지 않아야 합니다.

아이들이 공교육의 커리큘럼 안에서 안전하게 자신의 성적 권리를 존중받고, 성적 자기 결정권을 당당하게 행사하면서 다른 사람과의 평화로운 관계를 맺어가는 내공을 키울 수 있어야 합니다.

부모가 '페미니스트'가 되어야 하는 이유

여전히 성차별적인 사회에서 우리 아이들이 평등의 가치를 알고 다른 존재를 존중하는 사람으로 자라게 하려면 부모의 가치관과 자주 사용하는 언어의 내용, 아이를 대하는 태도부터 성찰해야 합니다.

"남자라면 울지 않아야 해"라는 메시지가 아니라 "네 감정은 정말 소중해, 표현하는 게 중요해"라는 메시지를 듣고 자란 아이는 자신뿐 아니라 다른 사람의 감정도 존중해야 함을 배웁니다. "딸이라 공주 놀이를 좋아해"라고 한정 짓지 않고 어떤 놀이든 할 수 있는 환경을 만들어 주는 환경에서 자란 아이는 보다 적극적인 사람이 될 가능성이 높습니다.

부모는 우리 아이의 미래를 먼저 상상하는 존재입니다. 아이가 맞이할 미래를 상상하고 그 미래의 당당한 주체로 성장할 수 있게 도와야 합니다.

"내가 처음으로 남성중심주의에 저항하고, 가부장제 사

고에 반기를 들었을 때(또한 내 삶에서 가장 강하게 가부장제를 드러내는 목소리였던 어머니와 맞섰을 때) 나는 자살 충동과 우울증에 시달리며 삶의 의미와 내 자리를 찾고 싶었다. 내겐 단단히 딛고 설 수 있는, 평등과 정의의 토대가 되어줄 페미니즘이 필요했다. 엄마는 뒤늦게 페미니즘에 눈을 뜨셨다. 엄마는 나를 비롯해 당신의 딸들이 페미니즘 정치 덕분에 더 나은 삶을 사는 모습을 지켜보셨으며 페미니즘 운동에서 가능성과 희망을 보셨다."

《모두를 위한 페미니즘》• 서문 중에서

저는 여성학을 공부하고 나서 새로운 삶을 살게 된 사람입니다. 어릴 때 저는 두려움에 빠져 있던 아이였습니다. 집에서 엄마의 다정함보다 분노를 더 많이 보고 자랐습니다. 엄마는 늘 화가 나 있었고 때로는 이를 폭력적으로 표현했어요. 어린 저는 엄마가 홀로 힘겨운 노동을 하며 우리를 키우느라 무척 힘드셨을 거라고 수긍했습

• 《모두를 위한 페미니즘》 벨 훅스, 이경아 옮김, 문학동네, 2017

니다. 엄마는 못 배워서, 가난해서, 남편을 잘못 만나서 불행한 삶을 사는 것이라고 여겼습니다. 저는 엄마처럼 살고 싶지 않았어요. 엄마처럼 불행을 견디며 사는 삶은 끔찍해 보였거든요.

어린 제가 내린 결론은 열심히 공부해서 아버지보다 더 좋은 남편을 만나 다정한 보호 아래 살림하고 아이 낳아 현명하게 키우는 것 정도였습니다. 엄마보다 행복한 삶을 살겠다는 꿈을 꾸는 것이었어요. 현모양처 말고 다른 꿈을 꿀 수 있다는 것은 상상할 수 없었습니다. 엄마 아닌 다른 여자들도 사는 모습이 비슷했고, 학교에서도 드라마에서도 여성의 성공은 어떤 남편을 만나느냐에 달려있다고 말해 줄 뿐이었거든요.

엄마처럼 살지 않으려고 열심히 공부했고 대학에도 갔습니다. 대학에서 어느 날 여성학 강의를 듣게 되었어요. 여성학은 우리 사회가 성차별 사회라고 말했고, 이런 사회에서 여성은 종속적인 존재로 사회화된다고 했습니다.

다양한 사회 제도적 차별을 공부하면서 제일 먼저 이해한 것은 '엄마의 삶'이었습니다. 엄마의 불행은 개인의 문제가 아니라 사회 구조적인 차별의 결과였다는 것을요. 새로운 희망을 발견했습니다. 삶의 내용을 내 의지대로 채울 수 있다는 것, 삶의 주인이 나라는 사실은 미래를 낙관하게 해 주었어요. 이제껏 아무도 말해주지 않았던 것을 여성학이 제시해 주었던 것입니다.

그때부터 제 삶은 변했습니다. 제게 페미니즘은 삶의 주인으로 살도록 지지하는 응원이었습니다. 여성에게만 해당하는 것이 아니라, 정상이냐 비정상이냐를 기준으로 세우지 않고 모두에게 존재 자체만으로도 충분한 가치가 있다고 이야기하는 든든한 지지의 메시지였습니다.

> "만일 페미니스트가 되는 것이 나와 우리 집안 여자들뿐 아니라 내가 타고 다니던 버스의 여자들까지 포함해 우리 모두가 각자의 삶을 선택할 수 있기를 바라는 것을 의미한다면, 나는 그 누구보다도 페미니스트였던 것 같다."
>
> 《엄마, 나는 페미니스트가 되고 싶어》* 중에서

개인의 삶에 녹아든 페미니즘은 이 세상 개인의 수만큼 다양합니

• 《엄마, 나는 페미니스트가 되고 싶어》카르멘 G 데 라 쿠에바, 말로타 그림, 최이슬기 옮김, 을유문화사, 2020

다. 여기서 페미니즘 논쟁을 전개하고 싶지 않습니다. 다만 페미니즘을 통해 제 삶이 어떻게 변화했고, 다른 사람을 존중하기 위해 어떤 성찰을 해왔는지 분명히 전하고 싶습니다.

제게 페미니즘은 사회가 요구하는 '여성의 삶'에 안주하지 말고 더 큰 꿈을 꾸라고 말해주었습니다. 저의 존재를 긍정하고, 제 안에 있는 엄청난 힘을 깨닫게 해주었지요.

다른 사람이 스스로 원하는 모습의 존재가 될 때 가장 큰 박수를 보내라고 일러준 것도 페미니즘이었습니다. 이 세계 어디에서든, 무엇이든, 할 수 있는 꿈을 꾸고 실현할 수 있도록 지지하며, 무엇보다 사랑으로 연결된 삶의 기쁨을 알게 해주는 힘 있는 말이었습니다. 결혼 후 '엄마'라는 역할의 옷을 입게 되었을 때도, 제 이름을 놓치지 않고 자신의 삶을 살도록 중심을 잡아 주었습니다.

첫째, 삶의 주인은 자신이니까 네가 결정하는 모든 것을 지지하겠다.

둘째, 다른 사람도 자기 삶의 주인이니 그들이 결정하는 것을 존중하길 바란다.

이 원칙을 가지고 아이들을 대하려고 애썼습니다. 물론 자주 실패했습니다. 그렇지만 말 한마디라도 세심하게 고르려 노력했고, 혹여 바깥에서 성차별적인 메시지를 듣고 오면 평등한 메시지로 바꾸어 전해주려고 했습니다.

부모가 페미니스트가 된다는 것은 특별한 일이 아닙니다. 그저 아이 그대로의 모습을 존중하는 일입니다. 내 아이가 다른 모든 존재를 존중하며 살아갈 수 있는 감각을 어릴 때부터 몸에 새겨주는 일입니다. 페미니즘은 우리에게 삶의 가능성과 지평을 열어줍니다. 여성에게 맞는 삶, 남성에게 맞는 삶이라는 규격화된 가능성이 아니라, 자신이 원하는 대로 자유로운 삶을 살 수 있도록 응원하는 소중한 관점입니다.

부모의 자기 혁명을 위한 하루 30분

이 책을 펼치고 있는 여러분은 모두 다른 상황에 놓여있을 겁니다. 직장에 다니면서 아이를 키우고 계신 분, 이제 막 사춘기가 시작된 아이와 힘겨루기를 하고 계신 분, 공부하지 않는 아이 때문에 걱정이 많은 분, 게임을 좋아하는 아이와 날마다 싸우고 계신 분, 아이를 학원에 데려다주고 오는 것만으로도 너무 바쁜 분, 자신만의 일을 하고 싶은데 아이를 돌보기 위해 잠시 멈춰 계신 분······ 모두 다른 조건에서 다른 삶을 살고 있을 것입니다. 질문과 응답도 당연히 다를 수밖에 없지요.

좋은 부모는 아이를 위해 자신의 삶을 밀쳐두고 희생하는 부모가 아닙니다. 아이가 좋은 사람으로 성장하도록 돕는 게 부모의 역할이라면 좋은 삶을 사는 모습을 보여주는 것이 최고의 교육입니다. 아이는 부모의 삶을 보며 스스로 자라납니다. 아이가 책을 읽게 하고 싶다면 "책을 읽어야 해"라고 말하는 것보다 책을 읽는 부모의 모습을 먼저 보여주라는 말과 같지요. 이제 아이의 삶은 아이에게 돌려주세요. 부모 역시 자신의 삶을 찾는 일에 집중해야 합니다.

●

자기 돌봄이 우선

내가 먼저 행복해야 아이들도 행복하다는 걸 알지만 쉽지 않습니다. 성교육은 아이들이 자신을 사랑할 수 있는 존재로 자라게 하는 것인데 이것은 가르쳐서 될 문제가 아닙니다. 아이는 자신을 사랑하는 부모의 모습을 보며 자존감을 채워갑니다. 무엇보다 자신을 먼저 돌보고 배려하세요. 맛있는 것 있으면 먼저 드세요. 몸과 마음을 기쁘게 하는 일이 있다면 자신에게 먼저 해보세요.

●

하루 30분, 자신만을 위한 시간 만들기

새벽이든 한낮이든 누구의 방해도 받지 않는 자신만의 공간에서 30분만 머물러 보세요. 아이들에게 "이 시간은 엄마 혹은 아빠의 시간이니까 방해하지 말아 달라"라고 말하세요. 조용한 카페도 좋고 책이 있는 공간도 좋습니다. 중요한 것은 혼자 고요하게 앉아 있을 시간을 갖는 것입니다.

●

하고 싶은 일 기록하기

자신만의 시간에 자리하셨다면 노트 한 권을 펴 주세요. 이 노트에는 당신의 이야기가 쓰일 겁니다. 먼저 노트에 이름을 적어 주세요. 첫 장을 펼쳐 '1년 후 내가 만나고 싶은 나의 모습은 어떤 모습일까'를 생각나는 대로 써 보세요. 양육자로서가 아니라 자신으로 말입니다. 막상 하고 싶은 게 하나도 떠오르지 않을 수도 있습니다. 괜찮습니다. 그저 자유롭게, 먹고 싶은 것이든, 듣고 싶은 음악이든, 여행 가고 싶은 곳이든 자신이 원하고 하고 싶은 일을 써 보는 거예요. 단, '큰 아파트로 이사하겠다', '자동차나 명품 가방을 사고 싶다' 같은 소유에 관한 것은 안 됩니다. 소유보다 경험을 위주로 써보세요. 저는 큰아이가 태어난 해부터 지금까지 노트를 써오고 있습니다. 가끔 지난 시절에 쓴 기록을 펼쳐 볼 때가 있는데요. 당시 막연하게 써 놓은 희망이 현재가 되어 있음을 확인하곤 합니다. '부모교육 강사가 되고 싶다'라고 쓴 순간의 메모대로 강사가 되었고, '멋진 성교육 책을 쓸 거야'라는 바람이 지금의 현실이 되었습니다. 2017년 노트에는 '산티아고 순례길을 걷고 싶다'는 기록이 있는데, 2년 뒤인 2019년 7월 저는 딸과 함께 산티아고 순례길을 걷고 돌아왔습니다. 자신이 원하는 것을 글로 쓴다는 의미는 '나를 들여다보고 진지하게 받아들인다'는 의미와 같습니다. 써 두면 자꾸 생각하게 되고, 생각하면 이룰 방법을 모색하게 되고, 결국 실천으로 이어지지요. 이런 과정을 거치며 우리 삶을 우리가 이끌어갈 수 있고 비로소 삶의 주인이 될 수 있습니다.

자신을 위해 준비해 둔 30분의 시간을 매일 지켜보세요. 며칠 하다가 그만두지 말고 딱 3개월만 지속해 보세요. 이 시간이 주는 기쁨을 알게 되면 다음부터는 자신만을 위한 시간을 더 늘릴 수 있게 됩니다. 삶의 주인이 된다는 것은 거창한 일이 아닙니다. 내가 하고 싶은 일을 하는 시간을 조금씩 늘려가는 것이 그 시작입니다. 원하는 것을 글로 기록해 둔다는 것도 꼭 기억하세요.

●

나를 불안하게 하는 것들 찾아내기

내 주변에 어떤 사람들이 있는지 둘러보세요. 어제 만난 사람들은 어떤 사람들인가요? 어떤 대화를 나누었나요? 집에 돌아와 혼자가 된 후에 어떤 감정이 마음에 남았나요?

공부 잘하는 자식 자랑을 하는 친구를 만나고 돌아오면 집에 있는 내 아이가 곱게 보이지 않습니다. 학원 정보로 가득하던 학부모 모임을 끝내고 오면 아이 학원을 다시 알아봐야 하는 게 아닐까 불안해집니다.

나 자신의 삶을 살아가는 데 있어 이런 만남은 방해 요인입니다. 자식을 위해 희생하는 부모로 더 열심히 살게 만들지요. 저 또한 이런 불안의 시간을 오랫동안 보냈습니다. 나만의 중심을 잡고 아이를 키우고 싶었지만, 사회가 요구하는 기준대로 아이가 공부를 잘하고 좋은 대학을 갔으면 하는 욕망이 있었습니다. 아이가 공부할 시기에 공부할 수 있도록 적절한 환경을 만드는 게 제 역할이라고 말하면서도 실제로는 아이에게 공부하라고 끊임없이 잔소리하고 통제하며 자유를 주지 않았어요.

공부 문제로 아이와 싸운 날에는 자괴감이 들었습니다. 왜 나는 이렇게 아이에게 집착하고 있을까?

가만히 들여다보니 '어린 시절의 결핍'과 '불안'이 있었습니다. 가난했던 시절, '엄마가 나에게 조금만 더 신경 써 주었다면 나는 더 잘 자랄 수 있었을 텐데'라는 생각이 결핍으로 남아있었습니다. 제 어린 시절의 결핍과 불안이 아이 공부에 관해 집착하게 했던 것이죠.

이제, 독자 여러분의 불안을 들여다보세요. 그리고 노트에 구체적으로 써보세요. 불안을 자세히 들여다보고 써보면 불안이 점차 옅어지는 것을 느낄 수 있을 겁니다. 당신의 마음속 불안이 걷히고 나면 그 자리에 힘이 생깁니다.

나를 응원하고 꿈꾸게 하는 문장 쓰기

나에게 힘을 주는 말은 어디에 있을까요? 지금부터 찾아 나서봅시다. 가장 쉬운 방법은 책 속에서 찾는 겁니다. 책에는 보석같이 빛나는 문장이 가득합니다. 자기계발서도 좋고 베스트셀러도 좋습니다. 지금 읽고 계신 제 책도 좋습니다. 책 한 권을 공들여 읽은 후 마음에 와닿는 문장을 노트에 기록해 보세요. 마음속에 새기는 과정입니다. 마음속에 새겨둔 문장은 우리에게 힘을 주고 그렇게 살아가도록 응원해 줍니다. 우리를 응원하는 좋은 문장을 저축하듯 조금씩 모아나가면 아이들에게도 꺼내줄 수 있습니다.

매일 30분, 자기만의 시간을 내어 노트에 내가 원하는 일들과 불안, 의지할 만한 힘 있는 문장들을 찾아 쓰는 것. 내 삶의 주인으로서 살아가는 준비 과정, 좋은 양육자가 되는 첫 출발입니다.

몸의 힘을 키우기

내 몸에 에너지가 있어야 아이를 향해 웃을 수 있습니다. 기운이 없고 스트레스에 시달리는 상태라면 아이에게 다정하게 대하기 힘듭니다. 달라지고 싶은 마음은 있는데 무엇을 먼저 해야 할지 막막하다면 일단 밖으로 나가서 걸어보세요.

저는 큰아이가 중학생이 되었을 때 몸과 삶의 태도를 바꿨습니다. 아이가 사춘기가 되면서 뜻대로 안 되는 것이 많아졌지요. 아이가 초저녁부터 잠을 자면 너무 불안했어요. '저렇게 잠만 자다가 성적이 떨어지면 어쩌지', '좋은 대학 가려면 지금부터 바짝 정신 차리고 공부해야 하는데' 이런 생각에 빠지면 기어이 아이를 깨워 책상에 앉혔습니다.

물론 아이는 순순히 앉아서 공부하지 않았지요. 아이가 짜증을 내면 제가 다시 그 짜증에 화를 내며 싸우는 일이 반복됐습니다. 이렇게 가다가는 우리 사이에 커다란 균열이 생기겠다는 위기감, 나 자신과 아이에게 나쁜 결과를 가져오겠다는 자각이 생겼어요. 저는 이 순간을 스스로 '각성의 순간'이라 칭합니다.

변하고 싶은데 무엇을 해야 할까? 저는 걷기부터 시작했습니다. 저녁에 집에 있으면 졸고 있는 아이에게 화를 내게 되니 일단 바깥으로 나와야 했어요. 무작정 걸었습니다. 지루할 줄 알았는데 참 좋았어요. 음악을 들으면서 걷다 보니 시간도 잘 갔습니다. 걸으면서 마음을 새롭게 가지려고 노력했어요. '아이 공부는 내 뜻대로 안 된다', '아이를 믿자' 이런 말들을 주문처럼 새기면서요.

매일 걷다 보니 가장 먼저 몸이 달라졌습니다. 걷다 보니 몸에 힘이 생겼고, 힘이 생기니까 하고 싶은 일이 생겼습니다. 제 안의 불안이 사라지자 아이와의 관계도 예전처럼 다정하게 회복되었죠. 모두 '한번 나가서 걸어 볼까?'에서 시작된 변화입니다. 아이를 다정하게 대하는 힘은 건강한 몸에서 나옵니다. 변화는 그 힘에서 시작됩니다.

성교육의 시작: 자기 존중

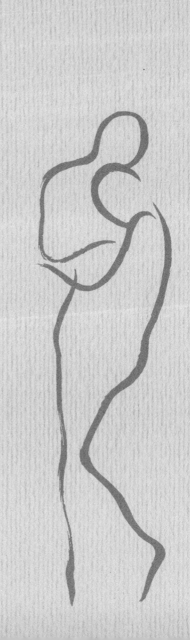

가정에서 아이를 존중한다는 것

어릴 적 학교를 마치면 집으로 돌아가는 게 싫었습니다. 영화 〈벌새〉˙의 주인공 은희처럼 저는 집에서 안전하게 존중받으며 머물 공간이 없었습니다. 안방에는 화난 아버지가 누워 계시고, 부엌에는 자신의 신세를 탓하며 한숨 쉬는 어머니가 계셨고, 작은방은 이불을 덮어쓴 언니가 차지하고 있을 테니까요. 마루 끝에 앉아 눈물을 훔치던 어린 저의 모습이 지금도 마음에 남아있습니다.

유년 시절, 저는 사랑의 말이 아닌 폭력의 말을 들으면서 성장했습니다.˙˙ 어른이 되어 어머니한테 여쭤봤어요. 그렇게 힘들게 살면서 왜 이혼할 생각을 하지 않았느냐고.

˙ 〈벌새〉, 김보라 감독, 박지후 주연, 2018

˙˙ 《완벽한 아이》, 《배움의 발견》, 《내 이름은 루시 바턴》은 자기 삶의 주인공으로 당당하게 살아온 여성들의 이야기가 담겨 있다. 유년 시절의 상처를 자기 돌봄으로 치유하고 자신의 삶을 잘 세워온 이들의 이야기를 좋아하는 이유는 필자 역시 좋은 언어를 찾아 스스로 여기까지 왔기 때문이다. 어릴 적에 겪은 모든 상처가 지울 수 없는 트라우마로 남는 것은 아니라는 것, 극복할 수 있다는 것도 전하고 싶다. 폭력의 피해를 겪은 아이들이 자라 폭력의 가해자가 된다고 일반화하는 것은 폭력적인 낙인이다.

어머니는 말씀하셨습니다. "너희들을 위해 참고 살았지. 아비 없는 집 자식이라는 소리 안 듣게 하려고, 여자들 다 그렇게 사는 거지……."

오랫동안 가정폭력에 시달려온 대부분의 피해자는 자식을 위해 참는다고 말합니다. 자식에게 온전한 가정을 지켜주고 싶어서, 깨진 가정의 자녀가 겪을 사회적 차별이 어떤 것일지 너무나 잘 알아서, 피해자는 자신이 참는 것으로 가정을 기어이 지키려 합니다. 이처럼 '정상 가족' 이데올로기는 무척 강력합니다.

그런데 우리가 그렇게 지키려고 애쓰고 있는 정상 가족 안에도 폭력이 있습니다. 정상 가족의 겉모습을 지킨다는 명목으로 가족 안에서 일어나는 폭력과 그 안에서 존중받지 못하고 상처받는 약자의 존재에는 눈을 감습니다. 또한 훈육을 위한 '사랑의 매'가 가능하다는 암묵적인 동의가 있는 공간에서는 아이들이 개별적인 자아를 가진 존재로 존중받지 못합니다.

> "부모들은 자식에게 언어폭력과 육체적인 폭력을 가하고, 자긍심 대신 자기 비하와 열등감을 심어주고, 자식의 감정과 정서를 존중하는 대신 무시하고 조롱하면서도 그

게 다 자식을 사랑하기 때문이라고 아이에게 주입한다."

《올 어바웃 러브》* 중에서

타자를 존중하는 윤리는 가정에서 존중받는 경험으로 시작됩니다. 존중과 배려를 전제하는 성교육은 '가정에서 아이를 존중하는 것'에서 출발해야 합니다. 우리 가정은 어떤 공간인지, 자녀들은 개별적 존재로서 존중받고 있는지, 나는 부모라는 권위를 내세워 아이에게 폭력을 휘두르면서 사랑이라고 이름 붙이고 있지 않은지, 자식에 대한 맹목적 집착을 부모의 의무라고 착각하고 있지 않은지 돌아봐야 합니다.

가정 안에서 가장 약한 존재일 수밖에 없는 아이들이 어떻게 대우받고 있느냐는 우리 사회가 어떤 사회인지를 선명하게 보여줍니다. 아동학대 뉴스가 자주 등장하는 사회는 그만큼 폭력적이고 위험한 사회라는 뜻입니다.

존중은 하루하루 아이를 대하는 작은 행동, 사소한 말 한마디, 아이를 바라보는 눈빛으로 만들어집니다. 부모가 아이의 얼굴을 바라

• 《올 어바웃 러브》 벨 훅스, 이영기 옮김, 책읽는수요일, 2012

보며 온전하게 웃어주고 아이가 자신의 시간을 어떻게 쓸지 스스로 결정할 수 있게 한다면, 아이는 자신이 집에서 존중받고 있다는 것을 느끼게 됩니다.

이처럼 부모에게 존중받으며 자란 아이들은 타인을 배려하고 따뜻하게 관계 맺는 힘을 잘 쓸 수 있습니다. 아이들은 가정과 학교, 지역 사회에서 존중받고 배려받는 구체적인 경험을 쌓아야 하고, 어른들과 따뜻한 관계 속에서 행복했던 기억을 자신의 삶에 축적해 나가야 합니다.

자존감은 따뜻한 접촉으로부터

우리 몸은 따뜻한 접촉을 기억합니다. 타자와의 접촉을 통해 존재감을 느끼고 관계를 맺어갑니다. 피부에 와닿은 기분 좋은 접촉을 통해 '이 세상에 무사하게 존재함'을 확인받습니다. 감탄의 눈으로 자신을 바라보는 타자들의 눈빛을 거울 삼아 자신이 사랑받고 있음을 비춰봅니다.

아이들을 다정하게 자주 안아주세요. 아이들이 부모의 사랑을 피부로 먼저 느낄 수 있도록, 아이의 영혼이 풍성하게 확장될 수 있도록, 따뜻한 접촉이 기본이 되어야 합니다. 따뜻한 접촉이 없으면 마음에 결핍의 구멍이 생깁니다. 그러면 아이들은 결핍감을 어디서든 채우려 합니다. 또래 문화에서 인정 받으려고 애쓰는 것, 폭력적인 성적 콘텐츠를 들여다보며 성적 욕망에 빠져드는 것, 자신을 아프게 하는 연애 관계에서 빠져나오지 못하는 것, 자신의 몸을 대상화시키는 신체 접촉을 알아차리지 못하는 것은 마음의 결핍감에서 나오는 것일 수 있습니다.

채팅 앱을 통해 성 착취를 당했던 한 여학생이 떠오릅니다. 자신이 만나 관계를 맺었던 30대 아저씨가 무슨 잘못을 했는지 모르겠다고 했습니다. 그 아저씨는 자신의 말을 들어주고, 다정하게 대해주었고, 잠자리를 제공해준 사람이었다고 했습니다. '자신을 따뜻하게 안아줬던 유일한 사람'이라는 말에 마음이 무척 아팠습니다.

어릴 때 부모님의 따뜻한 접촉을 충분히 경험했던 아이들은 자기 몸이 느끼는 좋은 느낌과 나쁜 느낌의 기준을 가질 수 있습니다. 나를 사랑하는 사람이 안아주고 어루만져주는 따뜻한 느낌과 나쁜 욕망으로 내 몸을 만지는 차가운 느낌을 다르게 받아들이는 힘이 있는 것이지요.

> "어, 이건 우리 엄마가 나를 어루만져줄 때의 느낌이랑 다른데?"
> "이런 뽀뽀는 기분을 좋지 않게 하네."

아이들에 대한 성폭력은 길들이기 과정을 거쳐 행해집니다. 아이들의 마음을 사기 위해 맛있는 것을 사주고, 이야기해주고, 재밌는 게임을 하게 해줍니다. 그런 다음 아이들에게 성폭력을 가하는 거지요. 대부분의 아이는 이런 성폭력의 상황에 놓이더라도 폭력을 알아차리지 못하는 경우가 많고, 뭔가 불편한 폭력성을 인지했더라도 자책감에 빠져 있느라 도움을 요청하지 못합니다.

"쉿, 이건 내가 널 예뻐해서 하는 행동인 거야."
"이건 너와 내가 하는 비밀 놀이야."

아이들은 믿습니다. 자신의 몸을 아끼는 마음으로 하는 스킨십과 몸을 함부로 다루는 폭력으로서의 스킨십을 구분할 기준이 없어서 어른들의 말을 의심 없이 믿습니다. 내 몸에서 일어나는 느낌의 실체를 아이가 해석할 힘을 키워주는 것, 이것이 성교육의 첫 단추입니다.

성교육이 어렵다고 하시는 부모들이 많습니다. 아이를 충분히 사랑해 주는 것, 따뜻하게 어루만지는 것, 부드러운 눈빛으로 바라봐 주는 것이 전제되지 않는 한 그 어떤 훌륭한 성 지식도 의미 없는 것이 됩니다.

아이가 어리다면 아이를 무릎에 앉혀 폭 끌어안고 아름다운 그림책을 따뜻한 목소리로 읽어주는 것부터 시작하세요. 자고 있는 아이의 얼굴을 다정하게 쓰다듬어 주는 것도 좋은 방법입니다. 텔레비전 볼 때, 한쪽 다리라도 사랑스럽게 어루만져 주세요. 아이의 지친 등도 자주 쓰다듬어 주시고요. 무엇이든 시작이 중요합니다.

부모의 말은 힘이 셉니다

대학교 1학년을 대상으로 '자기 힘을 키우는 글쓰기' 과목을 가르친 적이 있습니다. 글을 쓰고 쓴 글을 발표하는 방식으로 진행했는데요. 어느 날 한 남학생이 학교에 나오는 것도 너무나 힘겨울 정도로 아무것도 하고 싶은 생각이 들지 않는다는 글을 써왔습니다. 자신은 너무 무기력하다는 겁니다. 왜 그럴까? 가만히 생각해 보니 어릴 때 엄마에게 늘 듣던 말이 '쓸데없는 짓 하지 마라'였다고 해요. 지금도 뭘 하려고 마음을 먹으면 귀에서 엄마의 말이 들리는 듯하다고 말했습니다. 자신이 하고 싶은 일이 '쓸데없는 짓'처럼 여겨져서 시도조차 하게 되지 않게 되었다는 것이지요.

사람은 태어나서 부모라는 첫 타자를 만납니다. 부모의 말을 듣고 부모의 행동을 보고 부모와 상호 작용하면서 사회적인 존재로 성장해 갑니다. 부모가 일상에서 전하는 말은 아이의 몸과 마음에 새겨져서 자신을 바라보는 거울이 되고, 아이가 삶의 중요한 시간을 건널 때마다 선택의 기준이 됩니다.

"공부 잘해야 해. 지금은 노력할 때야."

"사람을 사귈 때 가려 사귀는 거야."

"늦게 돌아다니면 위험해."

"여자니까 얌전해야지."

"강해야 이 험한 세상 살아남을 수 있어."

"네가 뭘 할 수 있겠니?"

"엄마 말만 잘 들어. 지금 방황할 시간이 없어. 노력하지
 않으면 나중에 후회해."

"아빠가 너를 사랑해서 하는 말이야."

"넌 어쩜 여전히 그 모양이니? 잘하는 게 뭐야?"

"부모 말을 잘 들어야 하는 거야."

우리 사회에 통념으로 존재하는 수많은 말들이 부모의 입을 통해
아이에게 전달됩니다. 경쟁 사회에서 이기는 것이 중요하다는 부모
의 말에 아이들은 공부를 합니다. 남자가 자꾸 운다고 혼났던 아이
는 화나고 슬픈 감정이 생겨도 표현하지 않게 됩니다. 부모의 감정
을 잘 살피는 아이가 '역시 딸이라서 애교가 많아'라는 칭찬을 들으
면 아이는 부모의 감정을 거스르지 않으려고 노력하게 됩니다. 부

모의 말이 아이들에게 새겨지고, 어른이 된 아이들은 부모가 만들어 놓은 말의 규범을 지키며 살게 되지요. 성차별적 사회의 무수한 통념의 말들 역시 이런 과정을 거쳐 세대를 이어갑니다.

아이가 살아가면서 무엇인가를 결정해야 하는 순간에 직면할 때, 아이는 부모의 말을 떠올립니다. 스스로 결정하고 자기가 원하는 것을 사유하기도 전에 부모의 말을 잘 듣는 착한 아이가 되기를 선택합니다. 아이에게 사각의 테두리를 만들고 그 안에서 안락하고 안전하게 살아가길 바라는 것은 사랑이 아니라 강압적 통제의 한 유형일 뿐입니다.

어느 공부 모임에서 자기소개를 하던 중이었습니다. 한 남자 직업 군인이 말했습니다. "자신의 키가 160cm가 넘지 않지만, 콤플렉스가 된 적은 없었다"라고 말입니다. 어릴 적에는 학교에서 키가 작다고 놀림을 받아 자주 울었다고 해요. 친구들이 놀려서 학교 가기 싫다고 하면 어머니께서 "걱정하지 마라, 니는 돌 크듯이 클 끼다"라고 말씀해 주셨다고 합니다. 그 말이 어느새 마음에 콕 박혀서 정말 그렇게 생각하게 되었다는 거예요. 돌처럼 아주 느리고 눈에 보이지도 않을 만큼의 속도지만 계속 자라고 있으니 괜찮다고. 그 말이 있었기에 키 작은 자신에게 당당할 수 있었다고 말입니다.

삶을 앞으로 향하게 한 힘이 되어준 말들이 제게도 있습니다. 주로 아버지가 건네준 말들입니다. 어머니에게는 나쁜 남편이었지만 아버지는 저를 믿어주는 유일한 사람이었습니다. '우리 집에서 가장 당찬 애', '어디서도 잘 살아갈 애' 누굴 만나도 제 칭찬을 해 주셨지요. 결혼하는 제게 "네 남편을 위해 희생만 하는 아내가 되지 말아라. 나는 네가 더 성공하리라 믿는다. 포기하지 말고 공부해라"라고 말씀해 주셨습니다. 어지간한 절망에는 끄떡도 하지 않는 힘의 근원입니다. 돌아가신 지 20년이 넘었는데 지금도 가끔 살아계신 동네 어른들이 아버지의 말을 전해주십니다. "네 아버지는 너를 정말 자랑스러워했다. 네 칭찬을 많이 했어"라고요. 이 말들을 믿고 저는 조금 더 당당하게 살아가고 있습니다.

"너는 너대로 멋져. 무엇을 해도 너니까 굉장한 거야."

"실패도 아름답지, 지금 괜찮지 않아도 돼. 흔들리며 걸어가는 것이 삶이야."

"엄마도 그런 힘든 시간이 있었어."

"남들이 뭐라는 것은 아무것도 아니야. 네 뱃속의 힘을 느껴봐."

"네 말을 해 봐. 네 말을 귀 기울여 들어야 해."

"네 말을 들어주는 첫 번째 사람이 내가 될게."

"무조건 따르지 않아도 돼. 네가 가고 싶은 곳으로 가. 네가 서 있는 자리에는 꽃이 필 거야."

부모의 말은 힘이 셉니다. 아이의 삶을 풍성하게 가꾸는 데 필요한 긍정적인 언어를 구체적으로 전하는 일에 마음을 모아야 합니다.

아이들의 '싫다'는 표현 읽고 존중하기

'내 몸의 주인은 나'라는 메시지는 성폭력을 예방하기 위한 공식 슬로건처럼 아이들에게 전해집니다. 맞는 말입니다. 하지만 '너의 몸과 마음의 주인은 너야'라는 말만으로는 공허한 구호가 되기 쉽습니다. 아이가 어른과의 관계를 통해 자신에게 일어나는 일을 어떻게 느끼고, 어떻게 행동할지 스스로 결정하는 경험을 통해 직접 깨달아가는 과정이 일상에서 누적돼야 합니다.

이는 보통의 공부처럼 아이가 스스로 노력해서 키울 수 있는 능력이 아닙니다. 어른들로부터 자신의 감정을 존중받고 자신의 의견이 수용되는 경험이 쌓일 때, 비로소 아이는 자신의 삶을 주도하고 결정해 나갈 힘을 가지게 됩니다.

큰아이가 일곱 살 때의 일입니다. 할머니 댁에서 자전거를 타고 오겠다고 나갔던 아이가 뽀로통한 얼굴로 들어왔습니다.

"자전거 타고 온다더니, 기분이 안 좋아 보이네?"
"응 기분 나쁜 일이 있었어."

"왜? 무슨 일이 있었는데?"

"길에서 아빠 친구를 만났거든? 내가 인사를 했는데 귀엽다고 머리를 쓰다듬더라고."

"그래서 기분이 안 좋았어?"

"아니, 머리 쓰다듬는 건 괜찮았어."

"그럼, 또 다른 일이 있었어?"

"내 손을 잡더니 손등에 뽀뽀하는 거야. 기분이 나빴어."

"기분이 안 좋았겠다. 그래서 어떻게 했어?"

"손을 잡아 뺐지."

"기분이 나쁘다고 말씀은 드렸어?"

"아니 못했어."

"아빠 친구라서 조심스러웠구나."

"응."

"엄마가 지금 같이 가서 말씀드릴까?"

"아냐, 다음에 또 그러시면 내가 말씀드려볼래."

"그래, 엄마 도움이 필요하면 얘기해 줘."

"응, 알겠어."

"기분이 좀 나아졌어?"

"엄마한테 말했더니 기분이 풀렸어."

"엄마한테 말해줘서 고마워. 엄마는 네 생각을 듣는 게 참 좋아."

이 대화에서 제 역할을 살펴보세요. 아이의 표정을 살펴서 아이에게 무슨 일이 있었는지, 지금 어떤 감정을 느끼고 있는지 질문하고 있습니다. 아이에게 이야기할 수 있는 시간을 충분히 만들어 주면서요. 아이가 표현한 감정에 대해서도 "에이, 아빠 친구가 너 귀여워서 그런 거야"라고 감정을 부정하지도, "얼른 기분 풀어"라고 감정을 덮거나 회피하지도 않았습니다. 아이의 감정을 아이가 느낀 그대로 공감해주고 있습니다. 그랬기에 대화가 계속 이어질 수 있었지요.

사실 어른도 자기 마음속에서 일어나는 감정이 어떤 감정인지 표현하는 것이 어려울 때가 많습니다. 특히 우리 사회는 관계 속에서 느끼는 불편한 감정을 참는 게 미덕인 것처럼 일반화해 왔습니다. 무엇보다 힘의 차이가 있는 관계에서 힘이 약한 사람은 자기감정을 드러내지 않는 것에 익숙해져 있지요. 아이들도 마찬가지입니다. 부모와의 관계에 불만이 있어도 자기감정을 숨긴 채 부모의 감정에 맞춰야만 착한 어린이라는 보상을 받곤 합니다.

아이들에게 '지금 기분이 어때?'라고 자주 물어봐 주세요. 아이가 자신의 감정을 표현하면 그 감정에 공감해 주세요. 자기감정을 잘 표현하고 존중받을 때 아이들의 주체성이 단단해집니다. 자기 몸과 마음의 주인이라는 말은 자기 속에서 일어나는 다양한 감정을 억압 없이 표현할 수 있다는 의미입니다. 슬픔이든 기쁨이든, 짜증이든 분노든 아이의 마음속에서 일어나는 다양한 결의 감정은 모두 아이의 것입니다.

위의 대화에서 또 눈여겨봐야 할 대목은 마지막 표현입니다. 아이에게 이야기해줘서 고맙다는 말과 함께 아이의 생각을 듣는 게 좋다고 했습니다. 이런 대화를 경험한 아이들은 자신에게 일어난 일을 부모님에게 잘 이야기하게 됩니다. 아이에게 부모님은 자기가 느끼는 감정을 있는 그대로 표현해도 잘 들어주는 존재라는 믿음이 있기 때문이지요. 부모가 대화의 적극적인 주체가 되어주어야 가능한 일입니다.

어릴 때부터 자기 몸과 마음의 주인이 자기라는 확신을 쌓아 온 아이들은 중심을 잘 잡을 수 있습니다. 이 확신이 곧 삶의 중심을 세워줍니다. 남들 시선에 따라 자신을 맞추지 않아도 되는 힘을 가지게 됩니다. 부당한 침해에 불편함을 느끼면 자기감정의 주인으로서 그 불편함을 표현할 수 있게 됩니다.

동네 병원에서 진료를 기다리다가 본 장면입니다. 4살 여자아이를 데리고 할머니와 엄마가 같이 왔어요. 그 옆에 앉은 할아버지가 아이에게 이름이 뭐냐고 묻습니다. 아이가 엄마 등 뒤로 숨었어요. 할아버지는 주머니에 있는 사탕을 꺼내서 아이 손에 쥐여 줍니다. 마지못해 사탕을 받아 든 아이에게 엄마가 말합니다. "고맙다고 해야지" 아이는 인사를 하지 않습니다. 그걸 보던 간호사가 한마디 보탭니다. "역시 여자애는 팅기는 맛이 있어야지" 할아버지는 엄마 뒤에 숨은 아이의 손을 굳이 끌어내고는 볼을 내밀고 뽀뽀를 해달라고 합니다. 옆에서 엄마와 할머니도 아이에게 뽀뽀 좀 해드리라고 합니다. 아이는 울기 직전입니다.

아이는 엄마 등 뒤로 숨는 것으로, 찡그린 얼굴로 이미 '싫다'는 의사 표현을 한 것입니다. 어른들은 아이의 이런 표정 뒤에 있는 '불편함'을 읽어내고, 존중해 주어야 합니다. 어린아이는 어른을 향한 분명한 자기표현에 서툽니다. 이럴 때 곁에 있는 어른이 스피커 역할을 해 줘야 합니다. "아이가 불편해하네요. 그러지 말아 주세요"라고 아이의 감정을 대신 전해주셔야 합니다. 아이에게도 말해주어야 합니다. "네가 원하지 않으면 하지 않아도 돼. 괜찮아."

- 머리를 쓰다듬는 것

- 볼을 꼬집는 것

- 뽀뽀하는 것

- 자꾸 쳐다보는 것

- 성기를 보여달라고 하는 것

- 엉덩이를 두드리는 것

- 끌어안는 것

이런 일들은 우리 주변에서 자주 일어납니다. 자기표현을 잘하지 못하는 아이들이라고, 어리니까 그래도 된다고 여기는 어른들이 아이들의 경계를 함부로 침해합니다.

이런 행동들을 어른에게도 할 수 있나요? 어른에게 하면 '성폭력'이 되는 일입니다. 아이에게도 당연히 폭력입니다. 많은 부모가 가깝게 지내는 어른들이 내 아이의 몸을 만지거나 아이에게 뽀뽀나 포옹을 요구할 때 "네가 귀여워서 그러는 거야"라고 아이를 이해시키는 방법을 선택합니다.

가장 중요한 것은 내 아이입니다. 아이가 미처 표현하지 못한 마음을 부모가 정확하게 읽어주고 공감해서 대신 그 행위를 중단해

달라고 요구하는 모습에 아이들은 용기를 얻게 됩니다. '내 몸에 대한 결정권이 내게 있구나'. '싫다는 표현을 해도 되는구나'라는 경험이 쌓일 때 아이는 자기주장을 잘할 수 있는 사람으로 성장할 수 있습니다.

성적 경계: 서로를 지키는 존중의 동그라미

아이들에게 서로가 지켜줘야 할 경계에 관하여 이야기합니다. '존중의 동그라미'라는 말로 설명해주기도 하는데요. 양팔을 뻗어 한 바퀴 빙 돌리면서 그려지는 동그라미가 바로 존중의 동그라미입니다. 서로 함부로 들어가서는 안 되는 경계선입니다. 다른 친구의 몸을 만지고 싶을 때 반드시 동의를 구해야 한다는 것, 다른 친구가 불편하게 느끼는 언어를 쓰지 않는 것이 친구에 대한 예의라고 가르칩니다. 성적 경계를 지켜주는 일이 얼마나 중요한지, 어릴 때부터 왜 배워야 하는지를 반복해서 알려주는 것이 필요합니다.

"아이들이 짓궂어서 그래요."
"아이들이 장난이 심해요."
"아이들은 다 그러면서 크지 않나요?"

어른의 이런 생각이 아이들의 옳지 않은 행동을 반복하게 만든다는 것을 기억해야 합니다. 단호하게 말해주세요. 밀치고 도망간 아이에게도, 울면서 달려온 아이에게도 친구를 밀치는 행동은 장난이 아니라 폭력이라고 분명히 알려줘야 합니다.

> "다른 사람을 존중하는 일은 말부터 시작해서 행동으로까지 매일 연습해서 키워가는 일이야. 너희들이 미래를 위해 공부하듯이 친구를 존중하는 방법도 반드시 배워야 하는 일이라는 것을 꼭 기억하렴."

좋아하는 마음은 다정한 말이나 친절한 행동, 좋은 방법으로 전달하는 것이지, 상대를 곤란에 빠트리거나 아프게 하는 방법으로 전달하는 것은 폭력일 뿐이라고 말해주세요. 그리고 진심을 담아 미안한 마음을 전하는 것도 가르쳐주세요. 잘못했을 때 그것을 인정하고 용서를 구하는 것도 용기 있는 행동이라고 격려해 주시기 바랍니다.

- 유치원 다니는 아이의 사진을 부모가 자신의 SNS에 올릴 때 아이에게 동의를 구해야 하는가?
- 목욕하며 아이의 성기를 씻겨야 할 때 동의를 구해야 하는가?

이 질문의 답은 모두 '그렇다' 입니다. 이 답변이 낯설게 느껴진다면 서로의 경계를 존중하는 일에 둔감하다는 의미입니다.

"○○아, 목욕할 때 엄마가 등 좀 밀어줄까?"
"아빠가 안아주고 싶은데 괜찮아?"

동의를 구한다는 것은 경계를 존중하는 첫 번째 절차입니다. '내 아이니까 괜찮아, 이 정도는 너무 사소한 일이니 굳이 동의를 구하는 것은 지나친 것 같아'라는 생각들이 여전히 우리 내면에 자리 잡고 있습니다.

관계를 성찰하는 감수성은 오랫동안 아무렇지 않게 굳어져 온 생각이나 태도, 규범들을 아주 낯설게 다시 들여다보고 질문을 던지는 것에서 시작됩니다. 이런 감수성을 통해 오랫동안 굳어진 생각이나 태도를 과감히 버릴 수 있을 때 우리의 관계도 변하게 됩니다. 사적 공간이든, 공적 공간이든, 서로의 경계를 존중하는 거리를 유지하는 것은 기본입니다.

– 내 아이든, 타인이든 상대가 원하지 않는 질문은 하지 않는 것

- 칭찬의 의도를 담았다 하더라도 상대의 외모에 대해 평가하
  지 않는 것
- 아무리 유익하더라도 상대가 원하지 않는 조언은 하지 않는 것

우리가 일상에서 새롭게 세워나가고, 실천해야 할 존중의 실천은 무척 많습니다. 가정에서는 아이들이 부모로부터 자신의 경계를 존중받는 경험을 할 수 있도록 실천해 보세요. 몸의 경계뿐만 아니라 마음 경계의 영역까지도 각자가 느끼는 안전함을 침해하지 않도록 존중해 주는 일이 새로운 시대의 윤리로 세워져야 합니다.

호의로 전해지는 성차별의 말들로부터
울타리 쳐주기

부모를 위한 성교육 강의 시간에 이런 질문을 받았습니다.

"둘째가 아들인데 누나와 인형 놀이하는 걸 너무 좋아해
요. 인형을 업어주기도 하고, 동네 놀이터에 놀러 나갈 때
도 유모차에 인형을 싣고 자기가 밀고 나갑니다. 제 흉내
를 내면서 인형에게 말을 걸기도 하고요. 하루는 놀이터
에 나와 계시던 아주머니께서 걱정스럽게 말씀을 하시더
라고요. 아들이 인형을 가지고 노는 걸 그냥 보고만 있냐
고요. 유치원에 가서도 그러면 놀림 받을 거라고요. 아주
머니 말씀에 화가 났지만, 슬슬 걱정이 들기도 하더라고
요. 아들이 인형을 가지고 놀면 안 되나요?"

남자아이가 소위 여자아이들이 좋아하는 장난감을 가지고 노는
것을 걱정스럽게 바라보고 조언하는 경우를 자주 봅니다. 여자아이

들이 남자아이들의 장난감을 가지고 놀 때 보다 훨씬 큰 걱정을 하지요. 우리 사회에서 '여성적인 것'을 깎아내리는 문화가 여전하기 때문입니다. 부모가 아이에게 다양한 놀잇감을 주고 지지하는 교육을 실천하고 있어도, 성별 고정관념을 가지고 있는 주변의 어른들은 아이들의 세계에 자꾸만 관여하려 합니다.

저 역시 이런 일을 정말 많이 겪었습니다. 속바지를 입고 있지 않은 우리 아이에게 "여자애한테 속바지도 안 입히냐?"고 깜짝 놀라던 동네 친구가 생각나네요. 친구에게 "아이가 속바지 입는 걸 싫어해서 말이야. 덥고 답답하다고 하네. 아이가 입기 싫다는 것을 억지로 입히지 않으려고 해. 무엇보다 애들이 편해야지"라고 말했어요. 내 아이가 듣는 자리에서 분명하게요.

아이가 함께 있는 자리에서 다른 어른이 아이의 행동을 두고 이런저런 불편한 말을 할 때, 부모가 분명한 목소리로 울타리를 쳐 주는 것이 필요합니다.

> "우리 아이는 인형 가지고 노는 것을 좋아해요. 그것을 존중해 주고 있습니다. 걱정하지 않으셔도 됩니다."

주변 사람들이 전하는 성차별의 말들은 대부분 아이를 걱정하는 호의로 시작되는 경우가 많기에 정색하기 어려울 수도 있습니다. 집안의 어른, 친하게 지내는 이웃이라면 훨씬 어렵지요.

그러나 말의 영향력을 생각한다면 주변 사람들의 성차별적인 말들로부터 우리 아이를 보호하는 것이 더 중요합니다. 주변 사람들을 대상으로 논쟁을 해야 한다는 말이 아닙니다. 그 말이 왜 성차별적인 말인지 부모로서의 교육관을 '부드러운 말'로 전달할 수 있어야 합니다. 관계가 껄끄러워지는 걸 염려하느라 불편한 말들을 참아 넘긴다면 자녀에게는 어른들의 고정관념이 그대로 새겨질 수 있기 때문입니다.

새로운 남성성을 상상해요

남자아이는 다른 남자아이들과 있을 때 더 거칠게 놉니다. 놀이처럼 거친 몸싸움을 벌이기도 합니다. 씩씩하고 강하게 노는 것이 남자다운 일이라는 생각을 아이들도 내면화하고 있는 거지요. 그 모습을 보며 어른들은 남자아이들은 다 저렇게 크는 거라고 여깁니다.

아이들이 서로 때리거나 밀칠 때는 "그만해", "밀치고 때리는 건 장난이 아니고, 폭력이야"라고 말해주세요. 길게 설명할 필요도 없습니다. 폭력은 그냥 폭력이라고 말해야 합니다. 길게 설명하면 아이는 자신이 때린 이유를 길게 늘어놓을 거예요. 어른이 폭력임을 알릴 때 길게 설명을 붙이면, 아이는 이유가 있는 폭력이라면 괜찮다는 메시지를 받게 됩니다.

〈더 마스크 유 리브 인(The mask you live in)〉은 남성성의 강요가 어떤 남성을 만들어내고 있는지, 남성성의 가면 뒤에서 남성들이 어떤 고통을 겪고 있는지를 다룬 넷플릭스 다큐멘터리입니다. 성폭력, 가정폭력, 성매매, 데이트 폭력의 가해자 대부분이 남성이라는 통계는 남성성을 강요하는 젠더 폭력의 문제점을 성찰하게 합니다.

"맨박스는 남자가 남자다울 것을 강요한다. 남자다움의 기대치에 미치지 못한다면 병신, 또라이, 고자 그리고 그 중 최악인 '계집애'라는 소리를 각오해야 한다. 이런 말들이 여성에게 어떻게 들릴까? 이처럼 여성에 빗대어 남성을 비하하는 표현들은 여성에 대한 남성들의 전반적인 인식 수준을 보여준다."

《맨박스》* 중에서

어느 사회, 어느 문화에서나 남성성의 주요 내용은 감정을 통제해야 강한 남성으로 인정받을 수 있다는 것을 전제하고 있습니다. 감정을 통제할 수 있어야 '진짜 남성'으로 인정받을 수 있기 때문에 남성들은 내면에서 일어나는 세밀한 감정의 층위를 표현하지 않는 것에 익숙해져 있지요. 대부분의 남성은 울고 싶을 때 울지 않고, 힘들 때도 누군가에게 위로를 구하는 일을 하지 않습니다. 우는 것은 약함을 드러내는 일이라 여깁니다. 반대로 슬픔에 빠진 누군가의 상황을 공감하고 따뜻한 위로를 건네기도 쉽지 않을 것입니다.

• 《맨박스》 토니 포터, 김영진 옮김, 한빛비즈, 2019

자기 내면의 감정을 들여다보는 일은 아주 많은 연습과 실천이 필요한 일입니다. 내면의 감정을 인정하고 해석하며 담담하게 표현하는 일은 다양한 관계 안에서 일상적으로 할 수 있을 때 더욱 잘할 수 있게 되지요. 공감 능력은 내 안의 감정을 잘 읽을 수 있고, 자유롭게 표현할 수 있을 때 키워지는 것입니다. 내 감정을 잘 들여다볼 수 있어야 타인의 감정을 읽을 수 있습니다. 내가 관계 맺고 있는 사람의 표정과 몸짓을 보고, 함께 나누는 대화의 맥락을 통해 상대의 감정을 잘 이해하는 게 공감 능력의 기본이니까요.

새로운 남성성의 내용을 구성해 나갈 필요가 있습니다. 먼저 아이들에게 감정의 주인 자리를 돌려주는 일부터 시작해야 합니다.

우리 사회의 불평등과 차별의 문제를 해결해나가는 첫걸음은 공감 능력을 확장하는 일로부터 시작됩니다. 성폭력을 규제하는 법과 제도를 아무리 강력하게 만들어도 성폭력 피해자의 상처와 고통을 진심으로 공감하는 사람이 없다면, 우리 사회는 변하지 않을 것입니다.

어린이집에 성평등 교육을 하러 갔을 때 일입니다. 수업 전에 원장선생님과 잠깐 대화를 나눴어요. 아이들이 등원할 때, 문 앞에서 한 명씩 반겨주며 인사를 하는데 한 남자아이가 〈겨울 왕국〉 엘사가 입은 드레스를 입고 등원했다고 합니다. 속으로 조금 당황했지만 활짝 웃으면서 "어머나, 우리 OO이 누나 드레스를 입고 왔구나!"라고 말했답니다. 나름대로 아이를 존중해 주려는 표현이었는데요. 아이가 퉁명스럽게 대답했답니다. "누나 옷 아니고 내 거예요. 엄마가 나 입으라고 사준 건데요" 원장선생님은 아이의 말을 듣고 본인 마음속에 있는 고정관념이 이렇게 강하다는 것을 깨달았다고 합니다.

원장선생님의 성찰하는 마음 자세도 좋았지만, 더 좋았던 대목은 엄마가 자신을 위해 사준 드레스였다는 아이의 말이었습니다. 엘사 드레스를 갖고 싶어 하는 아들의 개성을 존중해 주고 아이다움을 지켜주는 엄마의 감수성이 정말 멋있고 깨어 있다고 생각했어요.

유치원에서 아이가 놀림을 받을까 봐 걱정이 되시나요? 저라면 선생님께 이렇게 부탁드리는 일부터 할 것 같습니다. 아이가 드레스 입는 것을 좋아하고 유치원에도 입고 가고 싶어 하니, 혹시 반 친구들이 아이를 놀리면 '누구나 원하는 옷을 자유롭게 입을 수 있다는 것'을 알려주셨으면 좋겠다고 말입니다.

《나를 지키는 결혼생활》·에는 아들이 분홍색 백팩을 메고 학교에 갔다가 심한 놀림을 받는 에피소드가 나옵니다. 저자가 아들에게 새로운 백팩을 사줄 수 있다고 조심스레 말했더니 아들이 이렇게 대답합니다.

> "아니에요. 엄마, 내가 중요하게 생각하는 건 내 백팩의 색깔이 아니에요. 성차별적인 아이들이 내가 어떤 색의 백팩을 들고 다닐 수 있고 없는지를 명령하도록 결코 내버려 둘 수 없기 때문이에요."

엘사 드레스를 입거나, 분홍색 백팩을 멘 남자아이를 이상하게 보지 않는 문화가 만들어지기를 바랍니다. 부모 입장에서는 아이가 놀림당하지 않도록 드레스를 입히지 않거나 다른 색깔의 백팩을 사주는 방법이 가장 쉬울지도 모릅니다. 하지만 아이가 상처받지 않았으면 좋겠다는 부모의 마음이 아이의 '자기다움'을 버리고 일상을 통제하는 일이 될 수 있음을 기억해주세요.

• 《나를 지키는 결혼생활》 샌드라 립시츠 뱀, 김은령 옮김, 김영사, 2020

새로운 존재를 꿈꿀 수 있는 동화책을 읽어주세요

어른을 대상으로 진행하는 교육에서 동화책을 자주 읽어 드립니다. 그중 《메두사 엄마》˙를 소개할까 합니다. 메두사 엄마는 진주 같은 아이 '이리제'를 너무나 사랑한 나머지 자신의 안전한 머리카락 안에 아이를 머물게 합니다. 길고 긴 머리카락으로 둥지를 만들어 아이를 안아주고 아이의 유일한 친구가 되어주는 것이지요. 머리카락은 아이에 대한 사랑임을 엄마는 의심하지 않습니다.

아이는 자랍니다. 자기의 목소리가 생기지요. 바깥세상이 몹시 궁금합니다. 친구를 만나고 싶고, 학교에 다니고 싶어집니다. 용기를 내어 엄마에게 말하지만, 메두사 엄마는 안 된다고 합니다. 자신만이 아이를 안전하게 사랑하는 존재라고 여기니까요. 그러던 어느 날, 아이의 얼굴에서 자신의 모습을 봅니다. 머리카락으로 얼굴을 감싼 채 '난 엄청나게 무시무시한 메두사다'라며 엄마 모습을 흉내 내는 아이를 보면서 메두사 엄마는 자신을 돌아보게 됩니다.

• 《메두사 엄마》 키티 크라우더, 김영미 옮김, 논장, 2018

학교에 다니게 된 아이는 메두사 엄마의 불안과 걱정과 달리 아주 행복합니다. 배웅하러 가겠다는 엄마에게 오지 말라고 합니다. 다른 아이들이 무서워한다고요. 이 말은 메두사 엄마를 다른 존재가 되게 합니다. 학교로 마중 나간 메두사 엄마가 아이를 부릅니다. 돌아본 그 자리에 머리카락을 자른 환하게 웃는 엄마가 서 있습니다. 달려가 엄마의 품에 안긴 아이가 활짝 웃습니다. 엄마와 마주 보고 아이가 환하게 웃는 모습은 이 동화책에서 처음 나오는 장면입니다. 저는 여기까지 동화책의 이야기를 들려드린 후, 질문을 건넵니다. "당신이 자르고 싶은 머리카락은 무엇인가요?" 부모님들이 먼저 변하는 용기가 중요하다는 메시지에 여기저기서 탄성이 흘러나옵니다.

많은 부모님이 자녀 교육의 핵심이 무엇인지에 관해 묻습니다. 성평등 교육, 성교육이 중요한 것은 알겠는데 어떻게 하면 좋겠냐는 것이지요.

"아이에게 좋은 동화책을 많이 읽어주세요. 성평등 관점이 잘 반영된 그림책을 골라서 다정하게 읽어주시면 좋아요."

성교육에서 중요한 것 중 하나가 다른 사람의 감정을 존중하는 능력입니다. 다른 사람의 감정을 존중하려면 다른 사람이 겪는 감정에 잘 공감하는 과정이 필요하지요. 이러한 공감 능력을 키워주는 좋은 방법의 하나가 동화책을 읽어주는 것입니다.

동화책에는 아름다운 이야기가 많습니다. 친구의 아픔에 슬퍼할 줄 아는 아이들, 어떤 어려움에도 포기하지 않는 용기를 가진 아이들이 주인공인 이야기도 많습니다. 부모님에게도 동화책을 읽는 일은 의미가 있습니다. 아이들의 아름다운 상상력과 언어로 가득하고 새로운 존재를 꿈꾸게 하는 동화책은 어른에게도 영감을 줍니다. 더 중요한 점은 아이들의 마음 세계를 이해하고 아픔과 기쁨을 공감할 수 있다는 것입니다. 아이들에게 전해야 할 언어도 배울 수 있지요. 저는 지금도 어린이에게 강의하러 가기 전에는 꼭 동화책을 읽습니다. 어린이에게 주파수를 맞추고 언어의 결을 풍성하게 품고 싶기 때문입니다.

만약 아이들이 전형적인 공주와 왕자의 이야기가 아니라 세계를 떠도는 말괄량이 삐삐의 이야기를 더 많이 읽는다면, 드레스 대신 종이봉지로 만든 옷을 입고 자기 삶을 씩씩하게 개척해 나가는《종이 봉지 공주》· 같은 이야기를 중요하게 받아들인다면 아이들의 삶은 어떻게 달라질까요?

　자유롭고 주체적이면서 사랑이 넘치는 존재들이 동화책의 세상에 가득합니다. 동화의 메시지는 아이들의 마음에 의미 있는 가치관으로 새겨집니다. 이 세계를 보여주는 것만으로도 아이들에게 충분히 좋은 교육이 될 수 있습니다.

• 《종이 봉지 공주》 로버트 문치, 마이클 마첸코 그림, 김태희 옮김, 비룡소, 1998

평등한 사회는 구체적인
작은 실천들로 만들어가는 것

아이들에게 인기 많은 레고에는 멋진 인형들이 많습니다. 과학자, 엔지니어, 탐험가, 경찰이 각자의 직업 세계에서 당당한 모습으로 활약하고 있지요. 레고의 인형도 성별이 있습니다. 남성으로 보이는 인형은 모두 직업을 가진 존재입니다. 위에 열거한 직업군의 레고가 모두 남성으로 표현되어 있습니다. 여성으로 보이는 인형들은 파티나 쇼핑을 하고, 요리하거나 아기를 돌보고 있습니다. 현실에서 이분법적으로 구분하고 있는 남녀의 역할이 장난감의 세계에도 그대로 적용되고 있는 것입니다.

'샬럿'이라는 한 어린이가 레고 회사에 편지를 보냅니다. 왜 남자 인형들만 모험하고, 생명을 구하고, 직업이 있냐고 묻지요. 여자 레고들도 모험하고 더 신나게 지내는 모습으로 만들어 달라고요. 그 뒤 레고 회사는 여자 과학자 인형 세트를 만듭니다. 레고 인형을 가지고 노는 아이들은 여성도 과학자가 될 수 있다는 걸 자연스럽게 인식하게 되겠지요?'

꿈꾸는 사회가 있다면 각자가 선 자리에서 '어떻게 하면 좋을까?'라는 질문을 던지고 내가 실천할 수 있는 가장 작은 일에 용기를 내어 보길 바랍니다. 레고 회사에 편지를 보낸 아이의 용감한 실천이 변화를 가져온 것처럼, 좋은 사회로 이동하는 일은 개인의 작은 실천들이 있어야만 가능합니다.

'차별은 사라져야 한다', '아이들을 있는 그대로 존중해야 한다'는 신념은 누구라도 큰 이견 없이 받아들입니다. 구호를 외치는 일은 쉽습니다. 그러나 구호를 외치는 것만으로는 안 됩니다. 일상의 아주 작은 영역에서부터 실천할 수 있는 구체적인 행위들에 대한 아이디어를 찾고 모범을 보여야 합니다. 다시 말씀드리면, 아이들에게 해줄 수 있는 최고의 교육은 바로 부모가 모범을 보이는 일이기 때문입니다.

• 《소녀와 소년, 멋진 사람이 되는 법》 윤은주, 이해정 그림, 사계절, 2019

아이의 자기다움을 키우는 어른의 말

부모가 일상에서 전하는 말은 아이에게 새겨져서 아이가 살아가는데 필요한 가치관이 된다는 말을 전해드렸습니다. 우리가 하는 말에 성별 고정관념은 없는지, 편견의 말은 없는지, 나와 다른 존재에게 폭력적인 언어를 쓰지 않는지 거울 보듯 자주 들여다보고 점검해야 합니다. 내가 하는 말이 문제가 있는지 없는지는 공부를 해야알 수 있고, 아는 만큼 실천할 수 있습니다.

●

외모 평가하는 말을 쓰지 않기

- 얼굴이 예쁘다, 날씬하다는 등 외모를 칭찬하는 말도 외모 평가

입니다.

- 연예인들의 외모를 주제로 이야기 나누지 않도록 합니다.

- 살 좀 빼야겠어, 배가 너무 나왔어, 다리가 굵어 등 외모에 관해 부정적인 표현을 하지 마세요.

- 뚱뚱한 몸을 비하하고 웃음의 소재로 삼는 콘텐츠를 보면 그냥 웃어넘기지 마시고 옳지 않다는 이야기를 아이와 꼭 나눠 주세요.

- 사람의 몸을 비하의 대상으로 삼으면 폭력이라는 것을 알려주세요.

- 다양한 몸을 가진 존재들을 존중해 주세요.

- 아이의 몸무게에 대해 압박감을 주지 마세요.

- 살을 빼면 무엇을 해주겠다는 등의 보상을 조건으로 걸지 마세요.

- 아이가 맛있게 먹고 있을 때 살찌는 것에 대한 걱정을 표현하지 말아 주세요.

- 아이가 즐겨보는 뷰티 유튜브가 있다면 부모도 함께 관심 있게 보면서 화장과 다이어트에 관해 균형 있는 이야기를 들려주세요.

참고 링크

- 한국양성평등교육진흥원 젠더온(genderon.kigepe.or.kr)
- 얼평 몸평 예능이 초등학교 6학년에게 미치는 영향(https://youtu.be/yk1kLzeT19g)
- 비디오머그 '뷰티 유튜버가 화장을 지운 이유: 나는 예쁘지 않습니다'(https://youtu.be/4uCznFPqcHE)

●

"남자답다, 여자답다"라고 했을 때
떠오르는 생각들 점검하기

"남자아이들은 다 그래", "여자아이들은 그렇게 자라"라는 식으로 일반화하는 말을 하지 마세요. 아이는 제각기 다르고 저마다의 개성으로 자라납니다. 저는 어릴 때 '선머슴 같다'는 이야기를 정말 많이 들었어요. 짧은 커트 머리에 까만 피부를 가진 제가 매일 냇가로 들로 놀러 다니는 것을 보고 친척들은 "저래서 시집이나 가겠나?"라고 하셨습니다. 어린 저는 이 말들에 상처를 많이 받았습니다.

아이들에게 말을 전할 때 편견이나 무시, 평가의 의미를 담고 있지는 않은지 주의를 기울여야 합니다. 좋은 말 한마디는 아이의 삶에 용기를 주지만 나쁜 말 한마디는 용기를 꺾기도 합니다.

아이들이 보고 읽는 매체에
성별 고정관념이 있다면 정정하기

아이들이 보는 영상 콘텐츠나 동화책을 고를 때 '성별 고정관념'이 담겨있지 않은지 유심히 봐주세요. 영상이나 책 속에 성별 고정관념이 담긴 표현이 보이면 고쳐 주세요. 소방관 아저씨, 경찰관 아저씨처럼 특정 직업을 가진 이를 '남자'로 지칭하는 경우에는 소방관, 경찰관 중에는 여성도 있다고 정정해 주시는 거예요. 소방관님, 경찰관님이라고 부르자는 제안도 좋겠지요.

부엌에서 요리하는 사람이 엄마라고 표현이 되어 있다면 아빠도 요리한다고 해주세요. 꼭 엄마만 하는 일이 아니라 누구라도 할 수 있는 일이라고 말입니다. 남자아이들이 장난꾸러기로 표현되고 여자아이들이 얌전한 모습으로 표현되는 장면을 보면 주변에 그렇지 않은 친구들이 많다고 이야기해 주세요. 조용하게 앉아서 책 읽는 것을 좋아하는 남자아이도 있고 달리기를 잘하는 여자아이들도 있다고 말해주세요.

젠더 감수성이 녹아있는 책을
적극적으로 찾아서 보여주기

요즘은 젠더 감수성이 잘 스며있는 동화책이 풍성하게 나와 있습니다. 이 책에서 소개해 드리는 목록을 참조하셔도 좋습니다. 무엇부터 읽혀줘야 할지 막막한 기분이 들 때 도움받을 수 있는 플랫폼을 소개해 드리고자 합니다.

'딱따구리(wooddadda.com)'는 어린이를 위한 콘텐츠 플랫폼입니다. 사회와 경제, 과학과 환경, 젠더와 인종 등 지금 우리를 둘러싸고 벌어지고 있는 다양한 사건과 이슈들을 어린이의 눈높이에 맞는 수준과 형식으로 제공합니다. 아이들 연령에 맞춘 성평등 그림책, '성적 경계 존중 교육'이나 다양하고 자유로운 직업의 세계를 안내하는 교육의 도구도 있습니다. 두루두루 살펴보시고 우리 아이에게 맞는 다양한 책들과 자료를 찾아서 보여주세요.

●

남자아이들이 울 때, 기다리기

속상하거나 슬플 때, 억울하거나 화가 날 때, 감동했거나 고마울 때 우리는 울 수 있습니다. 울고 싶을 때 울 수 있다는 것은 자신의 감정을 스스로 존중한다는 의미입니다. 아이가 울음을 터트리면 부모님은 울음의 원인을 찾아 얼른 해결해서 울음을 그치게 하려고 노력합니다. 울지 못하게 하거나 얼른 달래서 울음을 멈추게 하지요. 성별에 따라 대처 방법도 다릅니다. 아들에게는 평소 '남자는 울지 않는 거야'라는 말을 자주 하고, 울면 약한 존재가 되는 거라는 말로 우는 행위를 멈추게 합니다. 딸이 울면 다가가서 안아주거나 달래주려고 합니다. 이렇게 성별에 따라 대응 방법이 다르다 보니 남자는 울지 않는 존재로 성장하고 여자는 문제를 해결하는 방법으로 우는 것을 택하기도 합니다. 울면 누군가가 자신에게 관심을 가졌던 경험이 있으니까요.

"뚝 그쳐", "울 일도 아닌데 울고 있네", "사내자식은 눈물도 꾹 참는 거야"라는 말 대신 "울고 싶을 때는 울어도 돼", "다 울고 나서 하고 싶은 이야기를 해 줘", "울었더니 기분이 풀렸니?", "원하는 일이 있을 때는 우는 대신 말로 해주면 더 잘 알아들을 수 있어"라는 말을 자주 들려주세요. 아이가 울면 편하게 울 수 있도록 기다려주세요. 스스로 울음을 멈추면 아이의 이야기를 들어주세요. 떼를 쓰는 방편으로 울거나 부모가 들어주었으면 하는 요구가 통하지 않을 때 우는 방법으로 해결하는 것은 옳지 않다는 것도 알려주세요. 이런 일상의 경험을 통해 자기감정을 믿고 존중하는 아이로 자라게 됩니다.

●

딸에게 응원의 말을 더 크게 전하기

"당신은 지금 때가 어느 땐데 그런 고리타분한 소릴 하고 있어? 지영아, 너 얌전히 있지 마! 나대! 막 나대! 알았지?"

영화 〈82년생 김지영〉의 엄마가 딸에게 하는 말입니다. 딸들은 자라면서 '여자니까 얌전해야 해'라는 메시지를 자주 듣습니다. 반대의 메시지를 의식적으로라도 자주 전해주어야 합니다.

엄마가 저에게 늘 하시던 말씀은 "어떻게 하고 싶은 걸 다 하고 사냐?"는 것이었습니다. 제가 뭘 하고 싶다고 말하면 꼭 저렇게 말씀하셨지요. 그러면 저는 금방 포기를 했습니다. 같은 상황이 반복되니까 하고 싶은 게 있어도 참게 되더라고요.

저는 제 아이들에게는 다른 말을 해주고 싶습니다. 하고 싶은 일이 있으면 다 시도해보라고, 다 할 수 있다고, 다 해도 된다고 말입니다. 미리 한계를 만들고 그 한계선 안에서 얌전하게 크도록 하는 것은 우리 세대에서 끝내면 좋겠습니다. 설치고 나대는 사람이 원하는 것을 얻을 수 있다고 딸들에게 말해주세요.

●

칭찬의 언어도 다양하게 사용하기

여성단체 사무실에 방문했을 때 일입니다. 코로나19 때문에 유치원 아이를 데리고 출근한 활동가가 있었어요. 다른 책상에 일곱 살쯤 되어 보이는 여자아이가 앉아서 비즈를 구슬에 꿰고 있었습니다. 반가운 마음에 제가 아이에게 칭찬을 건넸습니다. "아, 정말 착하구나. 조용히 있네." 그리고 덧붙인 말이 "너 정말 예쁘다. 이름이 뭐야?"였어요. "착하구나, 예쁘다"라는 말 이외의 칭찬이 떠오르지 않았습니다. 만약 남자아이였다면 "착하구나, 멋지네"라고 했겠지요. 이렇게 칭찬의 언어가 빈곤합니다.

착하다는 칭찬은 어른이 아이들에게 가장 자주 쓰는 언어가 아닐까 합니다. 밥을 잘 먹어도 '착하다', 잘 놀아도 '착하다'라고 하지요. '착하다'라는 칭찬은 사실 아이를 통제하는 언어에 더 가까운 것 같습니다. '말을 잘 듣는 어린이가 착한 어린이'라고 강제하는 것이지요. 착하다는 사전적인 의미는 '언행이나 마음씨가 곱고 바르며 상냥하다'입니다. 정확하게 사용하는 게 좋습니다.

"뭘 만들고 있어?", "실에 작은 구슬을 잘 꿰는구나!", "손이 야무지네", "집중력이 있어, 꼼꼼하네" 등 칭찬의 언어를 다양하게 모아야겠습니다. 칭찬의 언어를 풍성하게 사용하려면 무엇보다 아이에게 깊은 관심을 가져야 합니다.

●

아이들에게 다양한 장난감을 경험하게 해주기

여자아이들이 주로 가지고 노는 장난감은 무엇인가요? 소꿉놀이, 인형 놀이, 미용실 놀이 등 주로 엄마 역할을 배우는 놀이이거나 외모를 꾸미는 놀이입니다. 남자아이들은 자동차, 칼, 로봇 등으로 주로 전쟁놀이를 하거나 몸을 크게 움직이는 놀이를 합니다. 사회가 요구하는 고정된 성 역할을 수행하는 셈입니다.

부모가 장난감 하나 바꾼다고 큰 변화가 생기지는 않습니다. 집안에서 다양한 장난감을 준다고 해도 아이들이 또래 집단 안에서 자라다 보면 또래 문화의 영향을 받을 수밖에 없습니다. 친구들과 어울리기 위해서 아이들은 사회 통념에 맞는 놀이를 받아들이게 될 것입니다. 부모라면 아이들에게 다른 선택지를 제공해 주어야 합니다. 제품으로 만들어진 장난감을 가지고 놀게 하기보다 자연에서 뛰어놀 기회를 더 많이 만들어주는 것은 어떨까요? 전쟁놀이 대신에 전쟁 때문에 폐허가 된 마을을 다시 만들어 보거나, 남자아이들과 요리사 놀이를 하는 방법도 좋습니다. 여자아이들에게는 몸을 움직이며 놀 기회를 더 많이 주세요.

몸을 쓰는 놀이를 하면 아이들의 마음 세계도 넓어집니다. 마음이 넓어야 꿈을 크게 꿀 수 있지요. 공주 드레스를 입고 미용 놀이하는 여자아이가 '우주 비행사가 되겠어', '세상을 구하는 영웅이 될 테야' 같은 꿈을 꾸기는 쉽지 않습니다.

아이들에게 '좋은 사람'이 되는 일이 중요하다고 자주 이야기하기

다른 사람에게 친절을 베푸는 일, 인사를 먼저 건네는 일, 공공질서를 잘 지키는 일 등 좋은 사람으로 자라는 것이 중요하다고 자주 말해주세요. 나 혼자 사는 세상이 아니라 다른 사람과 연결되어 살아가고 있다고 말해주세요. 내가 좋은 사람이 되려는 노력이 있어야 우리 사회가 더 나은 사회가 된다고 전해주세요. 아이가 안 듣는 것 같고 이해를 못 하는 눈치일 수도 있어요. 그래도 이런 부모의 말과 메시지는 자주 전해져야 합니다.

N번방 사건의 가해자들, 대학생 단톡방 사건의 가해자들을 보면서 저 자신을 되돌아보았습니다. 지금 20대 초반의 아이들을 키운 부모가 바로 제 또래의 세대입니다. 우리 세대의 부모들은 누구보다도 아이들 교육에 에너지를 크게 쏟았습니다. 양질의 교육을 제공하기 위해 자신의 희생을 마다하지 않았습니다. 그 교육의 끝이 아이들을 어디로 내몰았는지. 우리 아이들이 결국 어떻게 자랐는지. 가슴이 아픕니다.

부모의 교육관을 다시 세워야 하는 중요한 시간 위에 지금, 우리가 서 있습니다.

03   자기 몸을 긍정하는 아이들

'자기 몸을 긍정하는 말' 들려주기

아이가 유치원에 들어가고 학교에 다니게 되면 사회의 시선을 내면화하게 됩니다. 또래 친구들이 자신의 외모를 평가하는 말을 듣고 자신의 몸을 인식하게 되지요. 아이들도 서로 "넌 예뻐서 좋아", "뚱뚱해", "코가 납작해" 같은 말들을 주고받습니다. 이런 말을 듣고 온 아이들은 부모에게 확인 과정을 거치게 되지요.

> "엄마, 내가 뚱뚱해? 오늘 ○○이가 나보고 뚱뚱하다고 놀렸어."
> "아빠, 어떻게 하면 키가 커? 내가 제일 작아서 속상해."

내 아이가 이런 말을 전할 때 부모의 마음은 무너집니다.

> "아니야, 뚱뚱하지 않아."
> "지금은 작아도 잘 먹으면 쑥쑥 클 거야."

이런 말들로 아이의 상처 입은 마음을 위로하게 되지요. 당장 아이의 마음을 어루만져주고 앞으로 이런 놀림을 받지 않도록 더 신경을 쓰게 될 거예요. 아마도 더 뚱뚱해지지 않도록, 키가 더 자랄 수 있도록 먹는 것과 운동에 마음을 쏟게 되겠지요. 이런 부모의 태도는 아이에게 고스란히 전달됩니다. '지금 내가 가진 몸을 바꿔야만 인정받을 수 있겠구나' 하는 생각이 드는 거지요. 그리고 현재 자신이 가진 몸에 대해 부정적으로 인식하게 됩니다.

아이에게 들려줄 메시지는 상처받은 아이의 마음을 보듬어 줄 위로의 말과 함께 '사람의 몸은 다 다르다는 것', '몸이 뚱뚱한 사람도 있고 키가 작은 사람도 있다는 것'을 존중하는 말입니다. 아이는 계속 뚱뚱할 수 있고, 키도 제일 작을 수 있습니다.

> "사람의 몸은 다 달라. 키가 작은 몸도 있고 뚱뚱한 몸도 있어."
> "다른 사람의 몸을 놀림의 대상으로 삼아서는 안돼, 그건 폭력이야.'"

있는 그대로의 몸을 존중하는 긍정의 언어, 더 나아가서 자신의 몸을 사회의 시선으로 정의하지 않고 새롭게 의미 부여할 수 있도록 안내하는 언어가 부모에게서부터 나와야 합니다.

체력을 키워주는 것도 성교육

성차별적인 사회는 여성의 몸을 '보이는 몸'으로 규정합니다. 보이는 몸은 움직임이 적어야 하지요. 얌전히 앉아 있어야 하고, 놀아도 앉아서 할 수 있는 인형 놀이나 소꿉놀이를 주로 합니다. 분홍색 공주 드레스를 입고 놀이터에서 뛰어놀기는 힘듭니다. 사회가 여자아이에게 요구하는 옷차림은 결국 사회가 바람직하다고 여기는 '조신한 여성'으로서 몸가짐을 갖게 만듭니다. 상황이 이렇다 보면 여성은 땀 흘려 운동하는 기쁨을 잘 모릅니다. 여성의 운동은 '살 빼려고 하는 운동'으로 간단하게 인식될 뿐이지요.

저 또한 몸을 거의 움직이지 않으면서 40년을 살아온 사람이었어요. 학교 다닐 때 남자 친구들이 땀 흘리며 농구와 축구를 할 때 저는 운동장 계단에 앉아 있던 구경꾼일 뿐이었지요. 대학교 때 엠티를 가면 남자 동기들은 족구로 친목을 다질 때 여자 동기들은 저녁에 먹을 음식 준비를 했습니다. 자전거 타고 부산에서 안동까지 온 남자 동기가 자랑스럽게 얘기하는 것을 들으면서 부러워만 했지, 나도 할 수 있는 일이라고는 상상조차 하지 못했습니다.

몸을 움직였을 때 내 삶이 확장된다는 것을 알게 된 것은 '걷기'를 시작한 후부터입니다. 걸을수록 몸에 힘이 고였답니다. 힘이 세진다는 것이 무엇인지 몰랐는데 걸으면서 내 몸의 힘이 세진다는 것을 실감하게 되었지요.

몸에 힘이 생기니까 삶을 살아가는 데도 힘이 붙었습니다. 꿈도 더 크게 꾸게 되고요. 관계에서 받는 상처에도 더 의연해졌습니다. 무엇보다 사회가 나에게 요구하는 기준에 맞추어 살아가는 것을 더는 하지 않아도 된다는 자신감이 붙었습니다. 생각한 대로 움직이는 몸의 기쁨을 경험한 것은 살면서 만난 기적 중 하나였습니다.

교육 현장에서 만나는 여학생과 딸을 키우는 부모에게 '몸을 움직이는 경험'을 많이 하라고 전합니다. 산책을 함께 해도 좋고, 놀이터에서 땀을 흘리며 뛰어노는 시간을 가지라고 합니다. 아이들이 걷고 뛰어다닐 수 있는 자연의 공간으로 떠나라고 권합니다.

몸을 튼튼히 한다는 것은 단순히 건강 차원의 문제가 아닙니다. 몸이 튼튼해지면 삶을 주체적으로 살게 됩니다. 자기 몸에 가해지는 부당한 시선이나 불편한 차별들을 알아차리게 되고 저항할 힘을 발휘할 수 있습니다.

2019년 저는 둘째 딸과 함께 산티아고 순례길 800km를 완주했습니다. 몸을 거의 움직여 본 경험이 없는 열여섯 살 아이에게 '걷는 기쁨'을 알게 해주고 싶었어요. 힘들지만 치열하게 걸으면서 몸의 한계에 부딪혀보고 그 한계를 극복해보려고 도전한 것이지요.

산티아고 순례길을 걸으면서 우리가 확인했던 것은 몸을 자기 의지대로 움직이게 할 수 있다는 것이었고, 걸을수록 더 강해진다는 것이었어요. 살면서 두고두고 우리에게 힘이 될 정말 중요한 배움이었답니다. 지금도 아이는 땀 흘리면서 운동할 때, 동네를 걸으며 산책할 때의 기쁨을 잘 누리고 있습니다. 자기 몸을 자기 의지대로 움직여 본 경험으로 무엇이든 해보려고 합니다. 몸을 크게 움직일수록 자기 삶이 크게 확장된 것을 아이는 몸으로 배웠던 겁니다.

"보이는 몸보다 움직이는 몸이 더 중요해."
"너의 몸으로 할 수 있는 일이 많아."
"몸을 움직일수록 네 존재가 확장돼."
"몸의 주인이 너야, 너는 원하는 대로 될 수 있어."

아이들이 몸의 가능성을 다양하게 상상할 수 있도록 하는 것이 어른들이 일상에서 실천해야 할 일들입니다. 여자아이도 남자아이

도 자신의 몸을 활기차게 움직이며 앞으로 나갈 수 있는 구체적인

경험을 할 수 있도록 시간과 공간을 만들어 주세요.

몽정 파티 때 전해야 할 메시지

사춘기를 거치면서 남자아이의 몸은 어른의 몸으로 날마다 성장해 갑니다. 목소리가 변하고 수염이 조금씩 자라기 시작해요. 성기가 단단해지는 일도 잦아집니다. 누군가를 좋아하는 마음이 생기기도 하고, 친구 사이에서 성적인 이야기를 주고받기도 합니다. 성적 콘텐츠를 보고, 몽정을 경험한 친구의 생생한 경험담을 들었을 수도 있습니다. 알고 지내는 형이 자위하는 방법을 알려주는 경우도 있습니다. 이 모든 일이 사춘기라는 시간을 통과하는 남자아이들의 삶에서 일어나는 일입니다.

고환이 성숙해지고 날마다 만들어지는 정자가 쌓이면 몸 밖으로 나오게 됩니다. 몸의 생리적인 현상입니다. 잠을 자면서 꿈속에서 성적인 자극을 받을 수 있습니다. 그럴 때 몸 밖으로 정액을 배출하는 것이 '몽정'입니다. 성적인 흥분을 일으키는 꿈을 꾸지 않아도 잠자는 도중에 정액이 나오는 경우도 있습니다. 몽정이 무엇인지 모르는 상태에서 경험한 아이들은 오줌과는 분명히 다른 액체가 성기에서 나온 것을 두고 자신이 병에 걸렸다고 여기거나 숨겨야 할 부끄러운 일로 받아들이기도 합니다.

아들의 몸이 변하는 것이 눈에 띈다면 언젠가 경험하게 될 몽정에 대해서 미리 이야기를 나누는 시간을 가지길 바랍니다. 몽정에 대해 부모님과 미리 이야기를 나눠 본 경험이 있는 아이들은 자신의 몸이 잘 성장하고 있다고 받아들일 수 있습니다. 아들과 성적인 대화를 나눌 수 있는 좋은 계기가 될 것입니다. 아이가 초등학교 저학년 정도일 때 미리 대화하거나 사춘기 몸의 변화를 다루는 책을 읽게 하면 좋습니다. 딸들에게 초경 파티를 해주듯 아들에게 몽정 파티를 해준다는 부모님들을 많이 만납니다. 좋은 변화입니다.

몽정을 경험한 아이들은 성적인 흥분과 느낌에 대해서도 경험하게 됩니다. 몸이 간질거리는 느낌, 성기를 더 만져보고 싶은 욕구, 정액이 배출될 때의 짜릿한 느낌을 알게 되지요. 성적인 흥분을 더 느끼고 싶고 더 적극적으로 해결하고 싶다는 욕구도 함께 커질 겁니다. 성적 흥분을 더 느껴보고 싶은 욕구는 자위로 해결할 수 있습니다. 자위는 에티켓만 잘 지킨다면 성적 욕구를 풀 수 있는 안전한 방법이지요. 성적인 욕구를 혼자만의 안전한 공간에서 푸는 일에 죄책감을 가질 필요가 없음을 알려주세요.

몽정을 경험할 즈음에는 마음속에서도 큰 변화가 일어나게 됩니다. 평소 관심이 없던 친구에게 특별한 감정이 생기기도 하고, 누군가와의 스킨십이나 섹스를 상상하면서 성적인 느낌을 구체적으로 느끼기도 합니다. 성적 콘텐츠를 찾아보고 싶은 욕구가 생기고, 직접 해보고 싶다는 욕망이 생기기도 합니다. 자연스러운 과정입니다. 다만 개인의 성적 욕구나 호기심을 겉으로 표현할 때는 반드시 지켜야 할 경계가 있음을 알려주어야 합니다.

이때 분명하게 전해야 할 메시지는 동의를 구하지 않은 채 타인을 향해 자신의 성적 욕구나 호기심을 푸는 일은 '폭력'이라는 사실입니다. 친구의 성기를 보자고 하는 일, 성기의 크기를 비교해서 놀리는 일, 자기 성기를 사진으로 찍어서 다른 사람에게 보내거나 공적인 공간에서 자기 성기를 보이는 일, 교실에서 성적 콘텐츠를 보거나 자위, 섹스 경험을 떠벌리듯 이야기하는 일, 단톡방에서 성적인 이야기나 불법 촬영 영상물을 공유하는 일 등은 타인을 대상으로 자신의 '성적인 욕구'를 일방적으로 해소하려 할 때 일어날 수 있는 사례들입니다. 이 정도는 당연히 알겠거니 미루어 짐작하지 마시고 타인에게 가하는 '성적 폭력' 사례를 정확하게 알려주시기 바랍니다.

자위하는 아이 괜찮은가요?

아이들의 자위에 대한 부모의 불안은 아주 오랜 역사를 가지고 있습니다. 18세기에는 자위가 심각한 병의 원인이 된다는 생각이 널리 퍼져 있기도 했습니다. 두려움에 빠진 부모들은 자는 아이의 손을 묶어두기도 하고 성기를 만지지 못하도록 정조대 같은 것을 채우기도 했습니다. 콘플레이크를 개발한 켈로그 박사는 암과 정신병의 원인이 여자가 자신의 음핵을 만져서라고 했습니다. 지금은 코웃음밖에 안 나오는 말이지요. 요즘 부모들은 '자위를 하면 아이의 키가 크지 않는다, 정력이 약해진다, 공부에 대한 집중력이 떨어진다' 등의 오해를 하고 있습니다.

결론적으로 말하면, 아이들의 자위는 옳습니다. 아이가 자기 몸을 구석구석 탐색하고 만지고 느끼는 일은 성적 존재로서의 첫 출발입니다. 자기 몸을 소중히 다룬다는 의미는 자기 몸을 정성스럽게 어루만져 주는 자기 탐색에서 시작합니다. 그러므로 아이들은 아무 거리낌 없이 자신의 몸을 만질 수 있어야 합니다. 만지면서 자기 몸을 느끼는 법을 배우고 자기의 몸과 긍정적인 관계를 만들어가게 됩니다.

  그렇다고 부모가 나서서 자위를 부추길 필요까지는 없겠지요. 아이들은 스스로 자기 몸을 만져보는 경험을 통해 몸의 느낌과 감정을 알아가게 됩니다. 그런 시간을 어른이 방해하지 않으면 됩니다. 아이들이 자위할 때, 부모는 아이가 죄책감을 느끼지 않도록 하는 것이 중요합니다. '만지면 안 된다'라는 통제만 할 경우, 아이는 숨어서 자기 몸을 만지고, 만지면서 불필요한 죄책감을 느끼게 됩니다. 아이의 자위를 자연스러운 성장의 과정으로 바라보는 시각이 중요합니다. 그런데도 내 아이가 자위에 심하게 몰두해 있어서 불안한 마음이 크다면 아이의 마음에 결핍감이 있어 자위에 몰입하는 것은 아닌지, 친구들과의 관계에서 어려움을 겪고 있는 것은 아닌지, 과한 스트레스 상황에 놓여있지는 않은지 아이 마음을 먼저 살펴봐 주세요.

  제 친구의 경험입니다. 부엌에서 저녁을 준비하던 친구가 안방에 뭘 가지러 들어갔는데, 바지를 벗고 침대 위에 누워있는 6학년 아들과 눈이 딱 마주쳤답니다. 너무 급작스러운 일에 제 친구도, 아들도 일시 정지 상태. 친구는 아무 말도 못 하고 문을 닫아주었대요. 다시 부엌으로 돌아와 놀란 가슴을 진정시키면서 저녁 준비를 했고,

잠시 후에 멋쩍은 얼굴로 나온 아들과 별말 없이 밥을 먹었답니다. 마음속으로는 아들에 대한 실망감과 당황, 불안함이 전쟁을 치르고 있었는데 도무지 무슨 말을 해줘야 할지 정리가 되지 않더랍니다.

엄마에게 들킨 아들에게는 안타까운 일이지만(?) 엄마에게는 절호의 기회가 온 것입니다. 성적 행동을 할 때 지켜야 할 에티켓을 알려주기 딱 좋은 시간인 거지요. 이 적절한 타이밍을 놓치지 않고 부모로서 가르쳐 주어야 할 것이 있습니다. 바로 사적 공간과 공적 공간에 대한 경계를 분명하게 알려주는 일입니다. 사적 공간에서 해야 할 일과 공적 공간에서는 하지 않아야 할 일들을 자세하게 이야기해 주는 것이 필요합니다.

"○○아, 아까 네가 어느 방에 있었지?"

"안방."

"안방은 누구 방이야?"

"엄마, 아빠 방이지."

"그래, 엄마 방이야. 내가 내 방에 들어가면서 노크를 할까?"

"안 하지."

"맞아. 아무 생각 없이 그냥 문을 벌컥 열게 되더라. 너아까 그 모습 엄마한테 보여주고 싶지는 않았을 거야."

"창피하지."

"그럼 엄마가 노크하고 들어가는 공간은 어디일까?"

"욕실이나 내 방?"

"맞아. 욕실에 누가 있거나 네 방에 들어갈 때는 노크를해. 문을 열어줄지 말지는 네가 결정할 수 있어. 혹시 옷을 갈아입거나 샤워 중이라면 잠깐 기다리라고 할 수 있지. 기억해. 너만의 공간에서만 해야 할 일이 있어. 그걸지켜주는 것도 가족이나 다른 사람에 대한 배려야."

핵심은 '너의 자위는 자연스러운 성장의 과정이지만, 자위해도 될 공간은 따로 있다'는 메시지를 주는 것입니다. 혼자 문을 잠그고 있을 수 있는 공간이 바로 사적인 공간입니다. 오줌을 누는 일, 성기를 만지작거리는 일, 목욕하는 일, 옷을 갈아입는 일, 옷을 벗는 일은 내가 문을 잠그고 있을 수 있는 나에게 허락된 공간에서만 할 수 있는 일입니다. 욕실 혹은 자기만의 방이 될 수 있겠지요? 나 아닌 다른 사람이 '들어가도 되는지' 노크를 해야 하는 장소가 바로 사적인 공간입니다.

아이가 자기만의 공간에서 자신이 선택해서 하는 사적인 일들에 대하여 관여하지 않는 태도가 필요합니다. 아이 몸에 대한 경계를 존중하고, 사적 공간의 경계도 확실하게 지켜주어야 합니다. 사적인 공간에서 무엇을 하든 그것은 아이의 선택이고, 아무리 부모라 하더라도 허락을 받지 않으면 그 공간으로 들어갈 수 없음을 먼저 실천해야 하지요. 아이의 방에 들어갈 때 노크를 하는 것, 아이 방에 있는 아이의 물건에 함부로 손대지 않는 것, 아이가 원하지 않는 정리정돈을 하지 않는 것은 아이의 공간에 대한 기본적인 예의임을 기억해 주세요.

공적 공간에서 자기 몸을 보여주는 것도 폭력

어린아이가 다른 사람이 있는 자리에서 옷을 벗고 있으면 어른들은 "에구, 부끄러워라. 얼른 옷 입자"라고 말합니다. 하지만 벗은 네 몸이 부끄러우니 옷을 입어야 한다는 메시지보다 더 중요한 것은 '나의 벗은 몸이 다른 사람을 불편하게 만들 수 있다'는 사실을 알려주는 것입니다. 자기를 보호하는 것뿐만 아니라 타인을 존중하기 위해 옷을 입어야 하지요.

이런 메시지를 일상에서 자주 접한 아이들은 다른 사람을 존중하는 일을 중요하게 받아들일 수 있습니다. 특히 공적 공간에서 자기 성기를 내놓는 일은 명백한 폭력입니다. 노출증 환자들의 일이 아닙니다. 의외로 우리 주변에서 자주 일어나는 일입니다. 어린 남자아이를 데리고 외출할 때 플라스틱병을 들고 다니는 부모들이 있습니다. 다른 사람이 있는 공간에서 남자아이의 오줌을 플라스틱병에 받아냅니다. 어리니까 괜찮다고 합니다. 이런 사소한 경험들이 아이의 삶에 누적되면 사적 공간과 공적 공간의 구분이 흐려집니다.

청소년 중에는 학교에서 자위하는 경우도 많습니다. 교실 벽에 성기를 비비는 아이, 화장실에서 자위를 놀이처럼 하는 아이들, 수업 시간에 책상 아래서 자위를 하는 아이, 친구의 성기를 만지는 아이들…… 명백한 폭력임에도 아이들은 그저 장난이라고 치부합니다. 공적 공간에서의 예절을 가르치지 않았던 교육의 부재가 지금 폭력적인 장면으로 귀결되고 있는 것입니다.

초경을 긍정적으로 의미화하기

"아이가 초경을 하면 진심으로 기쁜가요?"

"우리 아이가 얼른 초경을 했으면 좋겠다, 너무 기다려진
다고 하는 분 있나요?"

이렇게 질문하면 대부분의 양육자는 아니란 표정입니다. 겉으로
는 기뻐하지만 속으로는 불안하다고 고백하기도 합니다. 그 불안
감 중의 하나가 '초경을 하면 키가 크지 않을 거야'라는 추측 때문
입니다. 그래서 이른 나이에 초경을 할 것 같으면 아이의 손을 잡
고 성장 클리닉을 찾아가 초경을 늦추는 주사를 맞게 하고 한약을
먹이기도 합니다. 충분히 이해는 갑니다. 의학적인 효과도 어느 정
도 있을지 모릅니다.

제 둘째 아이는 초등학교 3학년 겨울 방학 때 초경을 했습니다. 비
교적 빠른 시기였지요. 하지만 아이는 그보다 더 어릴 때부터 저와
초경에 관한 이야기를 많이 나눴고 성교육 관련 책도 읽어 왔던 터
라 아주 의연했습니다. 뒤처리도 정말 잘했고요. 키가 크지 않으면

어쩌나 하는 두려움은 가지지 않으려고 했습니다. 성장 호르몬 주사를 맞히고 싶지 않았어요. 그저 아이의 몸을 자연스럽게 존중하고 싶었거든요.

> "너의 초경은 반갑지 않아, 늦춰야 해."
> "키가 큰 것이 좋아, 작으면 안 돼."
> "지금 그대로의 네 모습보다 성장 호르몬을 맞아서라도 더 커야만 돼."

제가 걱정하는 것은 이러한 부정적인 메시지가 부모의 눈빛과 표정으로 전해진다는 것입니다. 양육자 성교육에서 아이들의 초경을 진심으로 기뻐해야 한다는 말을 전합니다. 눈빛이나 표정으로도 아이들은 기가 막히게 알아차립니다. 빠르면 빠른 대로 의연하게 받아들이는 부모의 태도는 아이가 자기 몸을 더 긍정하도록 도와줍니다. 아이가 어떤 몸이어도, 초경을 빨리하든 늦게 하든, 키가 크든 작든, 그 자체로 존중하는 것이 핵심입니다.

저는 중학교 1학년 때 초경을 했어요. 또래보다 조금 늦은 편이었지요. 비 오는 여름 오후, 어딘가를 다녀온 뒤였는데 뭔가 찝찝해서 보았더니 팬티에 진한 초콜릿 같은 게 묻어있었습니다. 마침 우물가에서 빨래를 하고 있던 엄마한테 벗은 팬티를 들고 가서 보였습니다. 몇 번을 비벼서 빨아보시던 엄마는 "에구, 생리 시작하네"라며 얼굴을 찡그리셨습니다. 엄마의 찡그린 얼굴을 보면서 제가 느낀 것은 '월경'을 하는 것은 부끄럽고, 번거롭고, 귀찮은 일이구나'라는 것이었습니다. 초경 전에 엄마나 다른 어른들과 월경에 관한 이야기를 나눠본 적도 없었어요. 가끔 우물가에 놓여있는 세숫대야에 피 묻은 기저귀가 담긴 걸 보면서 막연히 어른이 되면 저렇게 피를 흘리는구나 혼자 상상했던 게 전부였습니다.

고백하자면 성교육 강사가 된 지금도 "나 월경 중이야.", "월경통이 심해", "패드가 필요해" 같은 이야기를 잘하지 못합니다. 원초적인 부끄러움이 올라오는데요. 이런 감정 뒤에는 엄마의 찡그린 얼굴과 우물가에 담겨 있던 피 묻은 기저귀가 선명하게 새겨져 있습

• 월경을 지칭하는 표현은 마법, 그날, 붉은 군대, 딸기 등 전 세계에 수천 개가 넘는다고 한다. 임신한 경우를 제외하고 성숙한 여성의 자궁에서 주기적으로 일어나는 현상을 부끄러운 것, 숨겨야 할 것으로 치부해온 가부장제 문화의 대표적 사례이다. 한국 사회에서 사용하는 '생리'라는 용어에도 월경을 여성의 몸에서 일어나는 '여타 생리 현상' 정도로 축소하고자 하는 인식이 반영되어 있다. 새로운 인식의 변화는 정확한 단어의 사용에서 시작한다. 월경이라고 부르는 것은 여성의 몸과 몸에서 일어나는 현상을 긍정적으로 바라보는 첫걸음이다.

니다. 저도 엄마처럼 천 기저귀를 사용하다 보니 바지와 이불에 자주 월경혈을 묻혔거든요. 그런 날이면 수치심이 올라왔습니다. 뭔가 내 몸가짐에 문제가 있다는, 깔끔하게 뒤처리하지 못해서 부끄럽다는 생각에 괴로웠지요. 그런 정서가 지금도 완전하게 해결되지 않은 채 남아있습니다. 우리 사회가 여성의 월경을 부정적으로 이미지화하는 것도 영향을 미쳤을 겁니다.

월경에 대한 긍정적인 인식을 가지려고 아무리 노력해도 마음에 깊게 새겨져 있는 정서를 변화시키기란 쉽지가 않습니다. 제 딸들은 저와는 다르기를 바랐어요. 월경에 대한 자부심을 심어주고 월경은 성장하는 몸이 겪는 아주 자연스러운 현상이라는 것을 알려줘야지, 다짐했습니다. 어릴 때부터 월경을 주제로 이야기를 나눴고 적절한 때에 읽을 만한 책도 준비해 주었어요. 서점에 나온《안녕하세요, 하느님? 저 마거릿이에요》˙는 아이가 참 즐겁게 읽은 책입니다. 이런 책을 읽으면서 딸들은 언젠가 자신도 월경을 하리라는 것을 기대하게 되었습니다.

초경을 경험한 아이의 속마음은 어떨까요? 아이의 마음이 어떤

• 《안녕하세요, 하느님? 저 마거릿이에요》 주디 블룸, 김경미 옮김, 비룡소, 2003

지 물어봐 주고 잘 들어주었으면 좋겠습니다. 초경 파티를 해주고 싶더라도 아이의 의견을 먼저 물어봐 주세요. 어떤 아이들은 축하받기를 원하겠지만 조용하게 넘어가기를 바라는 경우도 있습니다. 제 아이들도 초경 파티를 원하지 않았어요. 가까운 사람들에게 말하는 것도 싫어했답니다. 아이에게 월경이 성장의 과정이고 좋은 몸의 변화라는 것을 알려주되, 월경에 대한 아이의 현재 마음 상태도 존중해 주시길 바랍니다.

생리대? 탐폰? 생리컵? 선택지를 다양하게

저는 생리대만 사용해 왔습니다. 그게 전부라고 생각했기 때문이지요. 제 아이들에게도 당연히 생리대 사용법만 알려주었습니다.

얼마 전에 본 E채널 예능 프로그램 〈노는 언니〉에서 여자 선수들이 '탐폰'을 사용한 경험담을 나누는 것을 보았습니다. 전·현직 피겨스케이팅 선수들이 다른 선수들에게 탐폰을 사용하는 방법을 알려주고, 처음 탐폰을 사용했을 때의 어려웠던 점에 대해 솔직하게 이야기 나누는 장면이 인상적이었어요. 운동복이 너무 짧거나 하얀색이라서 패드형 생리대보다 탐폰이 훨씬 편했다는 경험담들이 생생하게 전해졌지요. 탐폰은 질내 삽입형이라 활동할 때 자유롭다는 게 큰 장점입니다.

생리컵이 우리나라에 정식으로 판매가 된 지는 얼마 되지 않았습니다. 대체 생리컵이 뭐라고 판매 허가가 되지 않았을까 싶은데요. 여성의 질 속에 남성 성기 이외의 것을 삽입하는 것을 부정적으로 보는 사회의 시선 탓이 아니었을까 짐작해 봅니다. 실제로 자신의 애인이 생리컵 사용을 반대한다고 고민을 토로하는 여성을 만나기도 했습니다. 우리 사회의 성 의식은 이처럼 보수적인 시각에 머물러 있습니다.

생리컵은 인체에 무해한 소재라 안전하게 사용할 수 있습니다. 한 번 사면 오랜 기간 사용할 수 있어서 경제적이기도 합니다. 이물 감이 전혀 느껴지지 않기 때문에 월경 중이라는 자각조차 없이 지 낼 수 있습니다. 몇 시간에 한 번씩 비워주기만 하면 되니 편리하 고, 월경통이 완화되기도 한다는 의학적인 연구 결과도 있습니다.

저도 생리컵을 사용해 본 적이 있습니다. 월경 중에도 수영장에 가고 싶었거든요. 신세계를 발견한 기분이었습니다. 몸 밖으로 피 가 나오지 않는 게 무척 신기했어요. 처음에는 질 속에 생리컵을 넣 는 게 쉽지는 않았습니다. 몇 번의 실패를 겪었지요. 한번은 생리컵 이 빠지지 않아서 병원에 가야 하나 진지하게 고민했던 적도 있습 니다. 하지만 외출했을 때 바깥 화장실에서 교체하는 게 번거로운 점 이외에는 장점이 참 많았습니다.

아이에게 다양한 방법의 장단점을 알려주고 자기 몸에 가장 적합 하고 안전한 방법을 스스로 선택할 수 있게 도와주는 것이 중요합 니다. 자신의 몸을 잘 보살피기 위해 더욱 안전한 방법을 택할 권리 가 있으니까요. 그 권리를 존중해 주어야 합니다.

아이가 생리대를 선택했다면 시중에 판매되고 있는 생리대의 성분 중 몸에 해로운 것은 없는지, 몸에 더 안전한 천연 소재 생리대는 무엇인지도 아이와 함께 공부해 보세요.

Solution3.
나와 타인의 몸을 존중하는 감각 키우기

●

자신에게 친절하게 대하는 모습 보여주기

공부를 잘 하지 않아도, 날씬하지 않아도, 남자답지 않아도, 여자답지 않아도 '있는 그대로의 자기 자신'을 존중할 힘을 갖는 것은 성교육의 중요한 목표입니다. 사회가 우리에게 요구하는 성취 기준들은 매우 높습니다. 그렇다 보니 자신을 있는 그대로 존중하기보다 '자기 비난'에 익숙한 사람이 훨씬 많습니다. "실패해도 괜찮아, 늦어도 괜찮아, 무엇을 하지 않아도 괜찮아, 아무 조건 없이 나는 멋져, 모두에게 사랑받지 않아도 나는 사랑스러운 존재야" 등의 다정한 말들을 다른 누구보다도 먼저 자신에게 들려주세요.

삶의 어느 시기에 실패를 경험한 부모가 '나는 왜 이럴까?'라는 '자기 비난' 대신에 '실패에서도 배운 게 있으니 괜찮아'라며 자신을 다독이는 모습을 보인다면 아이들도 살면서 자신에게 친절하게 대하는 것이 무엇보다 중요하다는 것을 알게 될 거예요. 부모가 아이들에게 먼저 보여야 하는 삶의 태도입니다.

●

아이들에게도 먼저 동의 구하기

"남매가 같이 목욕하는데 괜찮은가요?"

"남매가 같은 방을 쓰는데 분리해야 할까요?"

"친척이 모이면 남녀 아이들이 같이 자는데 말려야 하나요?"

성교육 현장에서 빠지지 않고 나오는 질문입니다. 남매의 공간을 분리하고 친척 아이들이 같이 자는 걸 막는 이유는 무엇인가요? 혹시 몸이라도 만지면 어떡할까, 성적 호기심으로 성적인 행동을 하면 어쩌나 하는 두려움 때문이겠지요. 그럼 따로 재우거나 따로 목욕시키면 부모님이 두려워하는 일이 일어나지 않을까요?

중요한 것은 공간을 분리해 주느냐 아니냐가 아니라 아이들에게 남매든, 친척이든, 친구이든, 타인의 몸과 마음의 경계를 존중해 주는 일이 정말 중요하다는 감각을 일상에서 새겨주는 일입니다. 나 아닌 다른 사람의 몸이 궁금하거나 만지고 싶은 생각이 들어도 자기 욕구대로 행동해서는 안 된다는 것을 분명하게 알려줘야 합니다. 평상시 동의에 대해 자주 이야기하고, 실제로 아주 사소한 것이라도 아이에게 먼저 묻고 동의를 구하시기 바랍니다. 다른 사람의 몸을 존중하는 감각이 아이들에게 새겨져 있다면 어른들이 두려워할 일은 일어나지 않습니다.

●

아이가 불편하다고 말할 수 있는 관계인지 살피기

"아빠가 딸아이 목욕을 시켜주는 데 괜찮을까요?"

이 질문도 성교육 현장에서 자주 등장하는 질문인데요. 저는 일단 걱정하지 말라고 답합니다. 과도한 두려움에 사로잡혀서 가족들까지 서로 경계해서는 안 된다고 말이지요. 가정마다 자연스러운 문화가 있습니다. 아빠가 딸을 씻겨줄 때 아빠도 딸도 불편해하지 않는다면 괜찮습니다. 다만 평상시에 아빠가 권위적이어서 아이가 자기표현을 하는데 서투르다면 불편함을 느껴도 말하지 못할 가능성이 있지요. 불편함을 느끼고 있지만 말하지 못하고 있는지, 어릴 때부터의 일이라 익숙해서 불편함을 느낄 여지조차 없는지 먼저 살펴보시는 게 중요합니다. 아이한테 미리 말해주면 좋겠습니다. "언제라도 혼자 목욕하고 싶을 때는 그렇게 할 수 있다"라고 말입니다. 반대로 부모가 불편함을 느낀다면 아이에게 이렇게 제안하시면 됩니다. "혼자서 목욕할 수 있을 만큼 컸으니까, 한번 혼자 해보는 것은 어떨까?"라고요. "서로에게 몸을 보이는 것은 부끄러운 일이니까 이제 혼자 해야 해"라고 설명하는 것보다 아이는 상황을 훨씬 더 긍정적으로 받아들일 수 있습니다.

●

거절당해도, 여전히 소중한 존재라는 것을 알려주기

거절당하는 것은 어른에게도 무척 두려운 일입니다. 사랑하는 사람에게 혹은 인정받고 싶은 어른에게, 친하게 지내던 친구에게 거절당할 때 마음은 위축되기 마련입니다. 때론 자신이 하찮게 느껴져서 자존감에 상처를 입기도 하지요. 사소한 부탁도 거절당하면 어쩌나 하는 두려움 때문에 하지 못하는 사람도 많습니다.

아이들의 세계에서는 만나고 친해지고 다투고 헤어지는 일들이 무수히 일어납니다. 내 아이는 누군가에게 거절을 당하기도 하고 거절을 하는 존재이기도 합니다.

좋아하는 친구에게 고백했는데 거절당해 시무룩하다면 "괜찮아, 모든 친구가 너를 좋아할 수는 없어. 그래도 넌 여전히 멋진 사람이야"라고 말해주세요. 다른 사람은 나와 욕구와 감정이 다르고 취향도 다르기 때문에 내가 원하는 것을 거절할 수도 있다는 것, 거절당해도 나는 변함없이 소중한 존재라는 것을 알게 해주세요.

"엄마 옆에서 자고 싶은데 그래도 돼?"
"아니, 오늘은 엄마가 많이 피곤해서 푹 자고 싶어. 네가 곁에 자면 엄마가 깊은 잠을 잘 수가 없어서 말이야. 혼자 자고 싶어."

이런 상황에서 아이는 입을 삐죽거리고 속상해할 거예요. 더 나아가서 '엄마는 나를 싫어해'라고 생각할지도 모릅니다. 이때는 "같이 자고 싶다는 너의 요구를 거절한 것이지, 너라는 존재를 거절한 것이 아니야"라고 말하고 안아주며 사랑 표현을 해주세요. 부모가 원하지 않는 것을 거절할 수 있다는 것을 일상에서 보여주고, 아이의 존재를 인정해주면 아이는 '자신은 여전히 소중하다'는 감각을 지닐 힘을 키웁니다.

●

좋은 친구가 되는 방법 알려주기

동화책에서 다루는 주요 테마가 '우정'이지요. 나와 다른 존재를 이해하고 좋은 관계를 맺는 과정들이 다양한 이야기로 전개됩니다. 타인과의 관계에서 나눌 수 있는 따뜻한 교감이 바로 '우정'입니다. 우정을 통해 아이는 나 아닌 타자를 존중하고 배려하는 감각을 소중하게 배워가게 됩니다.

아이와 좋은 친구를 주제로 이야기를 자주 나눠보세요. 누구랑 친한지, 그 친구가 왜 좋은지, 그 친구에게 어떻게 대해주고 있는지 대화해보세요. 좋은 친구가 되는 구체적인 방법도 알려 주세요. 친구에게 다정하게 말하기, 친구의 말을 끊지 않고 잘 들어주기, 친구와 놀 때 물어보고 양보하기, 싸웠을 때 먼저 사과하기, 친구를 놀리지 않고 다른 사람에게도 친구 험담을 하지 않기, 친구의 몸을 함부로 만지지 않기 등 다양한 주제가 있을 수 있습니다. 자녀가 친구 관계에 대해 먼저 이야기할 때 잘 들어주는 것도 중요합니다.

●

세대 간의 경계에도 명확한 선 긋기

"아빠랑 결혼하고 싶어!" 유아기 아이들은 때론 부모를 진심으로 사랑해서 결혼할 수 있다고 생각합니다. 결혼하겠다고 공공연히 말하기도 하지요. 귀여워서 웃어넘기기도 하실 텐데요. 이런 말을 들으셨다면 따뜻한 목소리로 선을 그어주세요.

"아빠는 엄마랑 결혼을 한 사람이야. 아빠와 딸은 사랑하는 사이지만 결혼은 할 수 없단다."

아이의 입장에서 좌절을 안겨주는 말일 수도 있습니다. 하지만 이것은 성장 과정에서 잘 겪어내야 할 자연스러운 감정입니다. 앞으로 자라면서 많은 사람과 우정을 나누고 사랑하는 관계를 맺을 수 있게 된다고 아이에게 전해주세요.

●

남자끼리 지켜야 할 몸의 경계 알려주기

남자아이들이 화장실에서 나란히 소변을 눌 때 옆에 있는 친구의 성기를 들여다보고 성기 크기를 비교하는 일이 있습니다. 크기에 따라서 우쭐하기도 하고 놀림을 당하기도 하지요. 어린이나 청소년 사이에서 일어나는 또래 성폭력은 동성 사이에 '장난이라고' 생각해서 저질러지는 경우가 많습니다. 친구 사이라서, 같은 남자라서 둔감해지지 않도록 부모의 관심 어린 교육이 필요합니다. 화장실에서 소변 눌 때 옆을 보지 말기, 친구의 성기를 만지지 않기, 자신의 성기를 보여주거나 만져달라고 하지 않기 등 다양한 상황에서 일어날 만한 일들에 대해 알려주시고 이야기 나눠보세요.

04 존중과 사랑이 전제된 '성적 관계 맺기'

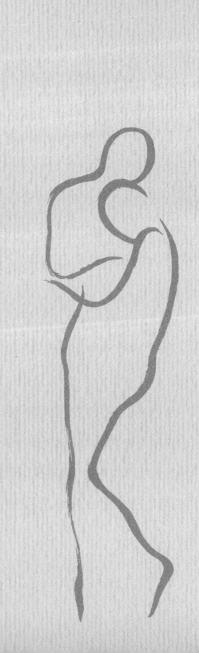

부모의 사랑 이야기를 먼저 들려주세요

아이가 성을 사랑과 연결 지어 받아들이게 되는 첫 출발점에 부모의 사랑 이야기가 놓여있으면 좋겠습니다. 아이에게 먼저 부모의 사랑 이야기를 전해주세요. 성적인 대화보다 편하게 나눌 수 있는 좋은 주제입니다. 함께 로맨스 영화를 보는 것도 추천합니다. 알콩달콩 설렘 가득한 영화 속 주인공을 보면서 "넌 어떤 사랑을 하고 싶어?", "연애한다면 어떤 데이트 하고 싶어?" 질문도 건네 보세요. 그러면서 자연스럽게 부모님의 사랑 이야기를 들려주는 겁니다.

"아빠는 엄마가 왜 좋았어?"

"응, 엄마는 예쁜 세상을 가지고 있는 사람이라 좋았어."

제 아이의 질문에 남편은 이렇게 대답했습니다. 대답을 들은 아이 얼굴에 환한 미소가 퍼졌지요. 아이들은 궁금해합니다. 엄마와 아빠가 처음 만났을 때 어땠는지, 어떤 점이 좋았는지, 둘 사이에 어떤 교감이 오고 갔는지, 누가 먼저 고백했는지, 만나서 무엇을 했는지,

얼마나 사랑했는지 등 모든 이야기를 듣고 싶어 합니다.

아이가 태어나기 이전의 시간부터 들려주세요. 성교육은 사람을 만나 사랑하는 마음을 가꾸고, 그 사람과 스킨십하고 성적인 관계를 맺는 총체적인 이야기입니다. 엄마가 아빠를 얼마나 사랑하는지, 아빠가 엄마를 만나 얼마나 행복해졌는지에 관한 사랑의 서사를 자주 전해주세요. 부모의 사랑 이야기는 아이들에게 편안한 안정감을 줍니다. 사랑을 주고받는 일의 가장 구체적인 장면을 보는 일이니까요.

사랑해서 함께 시간을 보내는 게 행복하고, 서로의 몸을 만져주는 것이 좋다는 이야기도 현재진행형으로 생생하게 전해주세요. 부모의 사랑 이야기를 들은 아이들은 자연스럽게 '성'이라는 것을 사랑과 연결 지어 받아들이게 됩니다.

한 남성과 여성이 만나 사랑을 하고 성적인 관계를 맺으며 행복한 시간을 보내는 삶 가운데 자신이 태어났다는 것을 알면 아이는 자신이 사랑받기 충분한 존재라고 여기게 됩니다.

성적인 대화를 나눌 수 있는 관계부터 만들기

이슬아 작가의 《나는 울 때마다 엄마 얼굴이 된다》* 를 읽다가 눈이 번쩍 뜨였습니다. 책에는 어릴 적 이슬아 작가의 이야기가 나옵니다. 아기가 어떻게 생기는지 궁금했던 작가는 상상의 나래를 폈습니다. 나란히 누워있는 아빠의 몸 밖으로 정자가 나오고 엄마의 몸 밖으로 난자가 나와서 함께 만나 엄마의 배 속으로 들어가면 아기가 생긴다고 말이죠. 작가가 엄마한테 이 말을 건네는 장면이 나옵니다. 엄마는 어떻게 반응했을까요? 작가의 엄마는 솔직한 답변을 들려줍니다. 아기가 생기는 과정을요. "아빠의 고추가 엄마의 질 속으로 들어가서 질 속에 정자를 싸야만 아기가 생긴다."

이슬아 작가는 엄마의 무릎을 베고 웁니다. 너무 충격적인 이야기였던 거지요. "아프지 않아?" 울면서 묻는 아이에게 엄마는 말합니다. "아프지만 즐겁기도 한 일이란다" 참 다정한 장면이었습니다.

부모님들께 성교육을 진행하면서 제가 상상하는 모습입니다. 아

• 《나는 울 때마다 엄마 얼굴이 된다》 이슬아, 문학동네, 2018

이와 성적인 대화를 다정하게 나눌 수 있는 부모가 많아졌으면 하는 바람은 성교육을 통해 이루고픈 변화이기도 합니다.

> "태어나보니 제일 가까이에 복희라는 사람이 있었는데 그가 몹시 너그럽고 다정하여서 나는 유년기 내내 실컷 웃고 울었다. 복희와의 시간은 내가 가장 오래 속해본 관계다. 대화의 교본이 되어준 복희, 그가 일군 작은 세계가 너무 따뜻해서 자꾸만 그에 대해 쓰고 그리게 되었다."
>
> 《나는 울 때마다 엄마 얼굴이 된다》중에서

이슬아 작가에게 이렇게 다정한 언어로 '섹스'에 대한 이야기를 솔직하게 해준 엄마는 아주 어릴 때부터 자녀를 온전하게 존중해주었다고 합니다. 엄마와 아이가 맺는 관계의 기본이 '아이의 세계, 아이의 삶, 아이의 결정권을 아이의 것으로 인정하고 지지해주는 것'이었기에 섹스에 관한 이야기도 마음껏 나눌 수 있었던 거지요.

아이와 섹스를 주제로 이야기를 나눌 수 있는 관계를 만들고 싶다면 무엇보다 '나는 아이를 어떤 태도로 대하고 있는가? 아이와 대화를 자주 하고 있는가? 아이의 말을 잘 들어주고 있는가?'를 점검해봐야 합니다. 아이의 이야기를 잘 들어주는 부모, 아이를 대화의 주체로 세워주는 부모, 아이의 결정을 존중하는 부모만이 아이와 성적인 대화를 잘 나눌 수 있습니다. 결국 성교육은 부모와 아이의 관계를 전면적으로 성찰하고 새롭게 만들어가는 과정을 통해 완성됩니다.

'섹스가 뭐예요?'라고 묻는 아이들

어느 날 아이가 "섹스가 뭐예요?"라고 묻습니다. "나는 어떻게 태어났어요?"라는 질문을 할 수도 있고 동물의 교배 장면을 보고 무엇인지 묻기도 할 거예요. 아이들은 나이에 따라 다양한 경험의 맥락에서 자신이 궁금해하는 것을 부모에게 묻습니다. 자신이 이 세상에 어떻게 존재하게 됐는지에 대한 답을 아이들도 간절히 찾고 있는 셈이지요. 어른의 머릿속에 '섹스는 어른의 일', '아이는 몰라야 할 비밀'이라는 선입견이 있다면 아이의 질문을 진지하게 받아들일 수 없을 것입니다. 가장 중요한 태도는 아이의 질문이 어떤 방식으로 전해지든 그 질문에 담긴 아이의 궁금증을 의미 있게 받아들이는 것입니다.

아이에게 다시 물어봐 주세요. 구체적으로 무엇이 궁금하고 그 궁금증이 어떻게 생긴 것인지. 책을 읽다가 물어보는 아이도 있고, 친구들 사이에서 '섹스'라는 단어를 듣고 궁금증이 생긴 아이도 있을 겁니다. 자신이 진짜 어떻게 태어났는지 구체적인 과정이 궁금한 아이도 있겠고요. 아이가 궁금해하는 대목을 정확하게 다시 들은 뒤 그에 맞는 답을 해주세요. 아이의 언어 수준에 맞게 대답해주시면 됩니다.

"음, 엄마 아빠가 사랑을 나누면 엄마 배 속에 있는 아기씨가 아빠 배 속에 있는 아기씨를 만나게 돼. 엄마 배 속에는 아기집이 있거든. 그 아기집에서 함께 만난 아기씨가 열 달 동안 자라는 거야. 열 달이 지나면 아기가 아기집에서 엄마 몸 밖으로 나오게 돼. 너는 그렇게 태어난 거야. 엄마 아빠가 널 정말 만나고 싶었거든. 네가 태어나서 정말 행복해."

이 이야기에 아이가 만족스러워하며 더는 질문하지 않는다면 충분한 대답이 되었다는 의미입니다. 하지만 또 질문하는 아이도 있을 거예요.

"아니, 도대체 아빠 배 속에 있던 아기씨가 어떻게 엄마 아기씨랑 만나게 되냐고요?"

이처럼 더 구체적인 답을 듣고 싶어 하기도 합니다. 아빠 몸속에 있는 아기씨가 도대체 어떤 경로를 통해서 엄마 아기씨를 만나게 되는지 궁금한 것이지요. 그럴 땐 구체적인 용어를 사용해서 대답해주시면 됩니다. 얼버무리지 않고 정확하게 설명하는 것이 중요합니다. 아기씨라는 말 대신 정자, 난자라고 지칭하고 아기집 대신 자궁, 아기가 나오는 길을 질이라고 알려주세요. 사랑의 관계 속에서 아빠의 성기가 엄마의 질에 들어가면 정자가 난자를 만나게 된다, 정도로 정리해서 말해주면 됩니다. 말로 전하기 어렵다면 아이들 눈높이에 맞춘 책을 함께 읽거나, 부모가 먼저 읽고 책의 수준에 맞춰 아이에게 전해주면 됩니다. 부모의 연습이 필요한 대목입니다.

연애를 주체적으로 할 수 있는 힘

"우리 아이에게 남자 친구가 있는 것 같은데 공부 안 할
까 봐 걱정돼요."
"여자 친구와 집 앞에서 뽀뽀하는 것을 우연히 봤어요. 어
떻게 해야 할까요?"

강의 중에 나온 질문입니다. 초등학생부터 성년에 이른 자녀들까
지 아이의 연애는 부모를 당혹스럽게 합니다. 아이가 연애하느라
공부에 소홀해질까 불안하고, 섹스까지 하는 사이로 발전하면 어
쩌나 싶은 두려움이 들기도 합니다. 피임법을 가르치자니 부추기는
것 같아 망설여지고, 모른 척하자니 임신이나 성병으로 곤란에 빠
질까 하는 노파심에 안절부절못합니다.

어릴 때부터 성교육을 잘 받아 온 아이들은 누군가와 연애를 할
때 진중한 태도를 보입니다. 이런 경우 부모는 아이의 연애에 믿음
을 가질 수 있습니다. 아이와 일찍부터 다양한 성적인 대화를 해온
관계라면, 연애 관계에서 나누게 될 수도 있는 성관계에 관해서도

대화할 수 있겠지요. 피임 방법, 안전한 섹스 공간, 섹스의 상대 등 경계 없는 대화를 할 수 있을 겁니다.

일단 부모님은 아이의 연애를 긍정적으로 보는 연습부터 해야 합니다. 아이들의 연애를 '단속의 관점'에서 못 미더운 시선으로 접근한다면 실제적인 성교육으로 나아가기가 어려워집니다.

"넌 우리의 사랑을 온전하게 받으며 자란 아이야."

"우리 말고 널 사랑하는 사람이 생겼다는 사실에 엄마도 기뻐. 엄마가 당부하고 싶은 말은 연애가 너를 성장시키는 건강한 관계가 되었으면 하는 거야. 충분히 사랑하고 사랑받을 때, 귀한 대접을 주고받을 때, 서로의 성장을 진심으로 응원하고 기뻐해 줄 때 그 연애는 긍정적인 관계가 되는 거야."

"혹시라도 상대가 너를 함부로 대한다면, 그 관계 안에서 네가 자꾸 위축된다면, 관계를 지속할수록 네가 힘들고 아프다면 그럴 때는 그 관계에서 용감하게 걸어 나올 수 있어야 해. 이게 연애를 주체적으로 할 수 있는 중요한 마음가짐이야."

"누군가와 교제할 때, 자신을 더 사랑하고 자신에게 더 친절할 수 있어야 건강한 관계를 지속할 수 있다는 점을 기억해야 해."

자녀에게 연애를 주체적으로 할 수 있는 힘에 대해서 말해주세요. 서로를 귀하게 대하고 서로에게 멋진 사람이 되어주기를 바라는 교제는 사람을 깊이 성장하게 합니다. 상대를 배려하는 노력이야말로 좋은 관계를 만들어가는 데 필수라는 것을 알고 실천할 수 있도록 가르쳐주세요. 서로의 성장을 중심에 두는 관계로 발전할 수 있도록 격려해 주시기 바랍니다.

좋은 성관계의 서사를 만들어요

고등학교 성교육 시간이었습니다.

"너희들은 섹스를 뭐라고 하니?"

"좆물 빼기요."

남학생 한 명이 큰 소리로 말합니다. 그 소리를 듣고 여학생이 덧붙입니다.

"좆물받기요."

아이들 언어에는 아이들의 생각이 담겨 있습니다. '좆물을 뺀다'는 남학생과 '좆물을 받는다'는 여학생의 언어는 우리 사회의 폭력적인 성 의식은 물론, 남성과 여성에게 다르게 적용되는 이중적인 성규범이 집요하게 작동하고 있음을 아프게 드러냅니다.

아이들이 인식하는 섹스와 그들이 사용하는 언어 안에는 폭력성이 가득합니다. 인격을 가진 사람과 사람이 나누는 관계라는 의미는 삭제되고 성기 중심적인 행위, 상대를 도구화하고 폭력적으로 다루는 것으로만 인식하고 있습니다. 사회의 다양한 채널을 통해 내면화한 성의식들이 우리 아이들의 언어와 행동에 영향을 미치고 있는 것입니다.

일부 남학생들은 섹스를 관계로 인식하기보다 자신의 남성성을 드러내는 행위로 여기는 경향이 있습니다. 여성을 그저 성행위의 도구로 여기는 것이지요. 그러다 보니 그들이 사용하는 언어에는 온통 여성 혐오가 담겨 있습니다. 여학생들은 성관계의 주체로 존중받는 경험이 부족합니다. 여학생이 성적 주체성을 자유롭게 드러내면 '노는 애', '걸레'라는 악의적인 비난을 받습니다. 이는 그 자체로 성폭력이자, 또 다른 성폭력의 피해로 이어집니다.

좋은 성관계의 서사에는 무엇이 담겨 있어야 할까요? 인격을 가진 사람들이 '합의'라는 소통의 과정을 거쳐, 서로 배려하며 나누는 구체적인 말과 행동이 있어야 합니다. 섹스의 의미를 좋은 성관계로 구체화해 정의할 수 있어야 합니다. 삽입과 사정으로 이어지는 성기 중심적인 행위가 아니라, 인격을 가진 두 사람이 온몸과 온 마음을 담아 정성껏 나누는 교감의 모든 과정이 성관계에 담겨야 한다는 새로운 서사가 필요합니다. 부모의 말에서, 교육의 과정에서, 로맨스 드라마에서, 연애 소설에서, 광고 매체에서 좋은 성관계의 서사를 다양하게 접할 수 있었으면 좋겠습니다.

우리 사회는 폭력적인 성으로 가득합니다. 사랑에 대한 폭력적인 각본을 로맨스로 포장하기도 합니다. 드라마에도 자주 나옵니다. 주인공이 길에서 격하게 싸움을 하다가 남자 주인공이 여자 주인공을 담벼락에 몰아서 세웁니다. 여자 주인공이 가겠다고 뿌리치자 다시 담벼락에 세우고 팔을 위로 올려 누릅니다. 그리고 느닷없이 키스를 퍼붓지요. 여자 주인공은 머리를 강하게 흔들면서 거부합니다. 그러나 이에 아랑곳없이 키스를 계속하는 남자 주인공, 화면에서는 낭만적인 배경 음악이 깔리고 그렇게 저항하던 여자 주인공은 어느덧 남자 주인공의 키스를 받아들이게 됩니다.

대중매체에서 자주 사용되는 연애의 전형적인 각본이지요. 여기에 "키스해도 되니?"라는 대사는 나오지 않습니다. 그러다 보니 성교육 현장에서 아이들에게 "키스할 때는 '동의'를 구하는 게 먼저야"라고 말을 하면 "분위기 깨져요"라는 반응이 나옵니다. 대중매체의 메시지는 이토록 강력합니다. 이런 장면을 아이와 함께 보았다면 그냥 넘어가지 마시고 이렇게 말을 걸어 주세요.

"싫다는데 저렇게 계속 몰아대면 저건 폭력이야."

"나는 친절하게 물어봐 주고 다정하게 대해주는 사람이 좋더라."

아마 아이들은 "드라마는 드라마니까 그냥 좀 편하게 보면 안 돼?"라고 할 수도 있어요. 하지만 드라마는 아이들 생각 속에 알게 모르게 깊은 무늬를 새깁니다. 드라마의 장면을 비판적으로 볼 수 있는 다른 인식의 말을 건네주세요.

성교육하기 좋은 타이밍

"아이가 안방 문을 벌컥 열고 들어와서 벗고 있는 우리
모습을 보았어요."

"신음이 들렸나 봐요. 간밤에 엄마랑 아빠 뭘 했냐고 물
어요."

성에 대해 열린 시각을 갖고 아이와 대화를 자주 나누는 부모라
해도 이 같은 상황은 참으로 난감하지요. 자식의 입장에서 부모의
성관계 장면을 목격하거나 성관계가 연상되는 신음을 듣는 것은 불
편하고 낯선 일입니다. 부모는 아이에게 들켰다는 사실이 부끄럽기
도 하고 아이가 충격을 받았을까 봐 불안하기도 할 거예요.

인터넷 상담 코너 게시판에서 부모의 성관계 장면을 보고 충격받
았다는 글, 부모가 짐승처럼 느껴져서 피하게 된다는 글을 보았습
니다. 부모와 '성관계'를 주제로 대화를 나눠 본 경험이 없는 아이들
이나 인터넷의 폭력적인 성 콘텐츠만이 성관계의 전부라고 인식하
고 있는 아이들이라면 충격의 정도는 더 심할 것입니다. 하지만 너

무 주눅 들지는 맙시다. 엄마와 아빠는 성관계하는 사이고, 당연한 일상이라는 당당한 자세를 장착하시기 바랍니다. 먼저 진심을 담아 아이에게 사과합니다. 무엇을 사과하냐고요? 부모의 사적인 장면을 들켰다는 것에 대해 말입니다.

"어젯밤에 많이 놀랐지? 엄마도 당황했어. 사실 너한테 어떻게 이야기를 꺼내야 할지 고민이 많이 되더라. 너 학교 있는 동안 너한테 해줄 말을 연습까지 했어. 먼저 사과할게. 엄마와 아빠의 성관계 모습을 너에게 들킨 것 말이야. 안방 문을 잘 잠갔어야 했는데……. 엄마가 아빠랑 성관계한 것이 부끄러운 게 아니라 그걸 너한테 보인 것이 부끄러워. 네가 어떻게 생각할까? 혹시 충격받지는 않았을까? 걱정되기도 해. 다음에는 주의할게. 너도 안방에 들어올 때는 노크를 해주면 좋겠어. 밤늦은 시간에는 특히 더 배려해 주었으면 해."

아이가 성관계에 대해 알고 있다면 위의 메시지 정도로 담백하게 전달하면 됩니다. 아이가 아직 어릴 경우, 엄마와 아빠처럼 사랑하는 이들이 나누는 행위라고 자연스럽게 알려주시기 바랍니다. 아이에게도 시간이 필요합니다. 너무 앞서 걱정하지 않았으면 합니다. 부모가 진심을 담아 이야기를 전한다면 아이도 부모의 성적인 행위를 이해하고 배려할 수 있습니다. 오히려 '성적 대화'를 시작할 기회가 될 수도 있습니다.

저는 열두 살 때 부모님의 성관계 장면을 보았습니다. 막연히 알고 있었을 뿐 소위 말하는 19금 영화도 제대로 보지 못하던 시절이었습니다. 어느 날 밤 안방에서 신음이 얕게 새어 나왔습니다. 도대체 안방에서 부모님은 무엇을 하고 계신 걸까? 뚫린 창호지 틈으로 안방을 들여다보았어요. 고백하자면, 성관계를 하는 부모님의 모습이 저는 참 좋았습니다. 날마다 싸우시더니 그래도 두 분이 사랑하시는구나, 안도감이 생겼던 것이지요.

그날 훔쳐본 부모님의 성관계 장면은 하나도 충격적이지도, 불결하게 여겨지지도 않았습니다. 다정하게 느껴질 뿐이었습니다. 제가 성에 대해 긍정적인 이미지를 품고 있는 것은 제가 처음 들여다본 구체적인 성관계 장면의 따뜻한 느낌이 원형처럼 새겨져 있기 때문이라고 생각합니다. 물론 성교육 전문가로 오랫동안 공부해오면서 '성'을 긍정적으로 의미화해 온 것이 훨씬 크겠지만요.

사람이 사람을 사랑하는 일에
정상, 비정상이 있을까요?

남자아이와 여자아이가 친하게 지내는 모습을 보면 "너희들, 사귀니?"라고 묻습니다. 심지어 유치원 아이들에게도 "나중에 둘이 결혼할 거야?"라고 놀리기도 합니다. 그런데 동성끼리 친하게 지내는 모습을 볼 때는 "너희들 사귀는 거야?"라고 묻지 않습니다. 당연하게 우정이라고 여기니까요.

이성애자는 '왜 이성을 사랑하는지', '어쩌다가 이성을 사랑하게 되었는지'에 관한 질문을 받지 않습니다. 우리 사회가 이성애를 '정상적인' 관계라고 여기기 때문입니다. 이성애가 정상으로 여겨지는 사회에서 동성애는 차별과 혐오의 대상이 됩니다.

《나를 지키는 결혼생활》'의 저자 샌드라 립시츠 벰은 양성성에 관한 선구적인 연구를 수행한 페미니스트입니다. 샌드라는 학문의 연구 영역에서뿐만 아니라 실제 자신의 삶에서도 성 평등을 실현하

• 《나를 지키는 결혼생활》 샌드라 립시츠 벰, 김은령 옮김, 김영사, 2020

려고 노력했는데요. 그 결과가 이 책에 잘 담겨 있습니다. 샌드라는 아이들이 태어나자 두 가지를 결심합니다.

첫째, 성별 고정관념이 담긴 일상의 표현을 하지 않겠다.
둘째, 동성애를 비정상으로 여기는 통념을 반대하겠다.

교육 현장에서 이야기하기 가장 어려운 주제가 '동성애'입니다. 저항감이 제일 심한 주제이기도 합니다. 저는 이와 관련해 성소수자 부모의 입장을 상상해 볼 수 있는 기회를 제공합니다.

성소수자의 부모님들이 아프게 돌아보는 것 중 하나가 "진작 품어주지 못한 것"이라는 이야기를 읽은 적이 있습니다. 언젠가 퀴어 퍼레이드에서 성소수자를 안아 준 한 어머니의 기사를 보았습니다. 자신의 자녀가 동성애자임을 고백했는데 처음에는 받아들일 수가 없었답니다. 아이에게 상처가 되는 말도 많이 했지요. 아이를 인정하지 못해서 괴로워하던 어느 날, 어머니 본인이 회사에서 부당하게 해고를 당했다고 합니다. 집으로 돌아가는 지하철에 앉아 있는데 너무 외롭더랍니다. 자신은 이렇게 고통스럽게 있는데 지하철의 사람들은 모두 행복해 보이더라는 것이지요. 이 세상에 혼자 떨어져 있는 것 같은 고립감이 들었다고 합니다. 그 순간 자신의 아이가 완벽하게 이해되었답니다. 내 아이가 이렇게 외롭게 홀로 서 있겠구나, 나라도 안아줘야지.

"혼자 괴롭게 보냈을 오랜 시간을 엄마로서 알아주지 못했다는 자책과 아들의 생각을 바꾸려고 자신을 혐오하게 만들 수 있는 말로 상처를 준 것에 대한 죄책감이었다. 나는 이 두 번째 죄책감 때문에 앞으로도 평생 미안함을 안고 살 것 같다. 난 엄마로서 아이의 편에서 아이가 어떤 마음일지 한 번이라도 생각했어야 했다. 아들 곁에 서자 더 많은 것이 보이기 시작했다. 마침내 나는 동성애자의 삶도 얼마든지 행복할 수 있다는 것을 깨닫게 되면서 희망을 갖게 되었다. 그리고 아들이 동성애자임을 겸허히 받아들이고 아이의 편에서 힘이 되어주기로 마음먹었다."

《커밍아웃 스토리: 성소수자와 그 부모들의 이야기》* 중에서

동성애자에게 가해지는 폭력적인 말과 차별에 대해서는 반대 목

소리를 낼 수 있어야 합니다. 동성을 사랑하는 마음을 지닌 아이가 두려움에 빠져 있는데, 곁에 있는 어른이 동성애를 부정하는 말을 하거나 동성애자를 비정상적인 존재로 여기면 그 아이는 깊은 상처를 입게 됩니다. 적어도 내 입을 통해 전해지는 말이 누군가 다른 존재를 아프게 해서는 안 된다는 정도의 인식만 있더라도, 동성애에 대한 차별과 폭력의 문화를 변화시킬 수 있지 않을까 싶습니다. 무엇보다 이 세상 어떤 존재도 차별받지 않아야 한다고 생각합니다.

• 《커밍아웃 스토리: 성소수자와 그 부모들의 이야기》성소수자부모모임 지음, 한티재, 2018

콘돔 사용법 알려주면 안 되나요?

어느 고등학교 보건 수업 시간, 콘돔 사용법에 관한 수업을 준비하다가 학부모들의 항의에 진행하지 못했다는 기사를 접했습니다.* '콘돔 사용하는 법을 배워서 괜한 성적 호기심에 아이들이 성범죄라도 저지르면 어떻게 할 것이냐'라는 것이 항의의 이유였다고 합니다. 우리나라 성교육은 여전히 청소년의 성을 위험하다고 보고 통제해야 한다는 관념에 머물러 있습니다. 제자리걸음입니다.

학교 수업이라는 공적인 배움의 자리에서 '콘돔' 교육을 한다는 것은 콘돔 사용에 관한 기술적인 지식만을 전해주는 것이 아닙니다. 콘돔에 대해 알게 되면서 아이들은 성적인 관계를 맺는 일에 더 신중해져야 함을 배울 수 있습니다. 나와 상대의 몸을 돌보고 배려하기 위한 방법은 무엇인지 진지하게 고민하고 답을 찾아가는 과정의 시작입니다.

• '바나나에 콘돔 끼우기' 학부모 항의로 무산된 성교육 둘러싼 논란(YTN, 2020.7.7)

- 존중과 배려가 있는 성관계를 맺기 위해 필요한 윤리의식
- 자신의 욕망을 표현하고, 상대의 욕망을 읽고 공감하는 능력
  (의사소통)
- 잘 만나고 건강하게 헤어지는 과정
- 연애 관계를 통해 자신과 상대의 성장을 위해 노력해야 하는
  일의 중요성

성교육이라는 이름으로 다루어야 할 무수한 이야기들이 있습니다. 어른들이 두려워해야 할 것은 아이들이 '콘돔 사용법에 대해서알게 되는 것'이 아니라, 콘돔 사용법조차 교육받지 못한 꽉 막힌사회 안에서 아이들이 왜곡된 성 의식을 키워나가는 현실입니다.

아이가 초등학교 6학년 때, 이사하는 날이었습니다. 안방의 침대를 옮길 때 하필 아이가 침대 아래 있던 콘돔 포장 껍질을 주웠습니다. 아이가 놀란 목소리로 물었습니다.

"엄마, 이게 뭐야?"

"어, 그게, 왜? 거기에…… 뭐긴 콘돔이잖아?"

"헉, 엄마가 이걸 써?"

"당연한 거 아니야? 콘돔을 안 썼다면 네 동생이 여러 명 태어나지 않았겠니?"

"그렇구나, 그랬구나."

  아이와 '콘돔'을 주제로 이야기를 나눈 첫 순간이다 보니 또렷하게 기억이 납니다. 아이로서는 엄마가 성관계한다는 것과 콘돔을 사용한다는 것을 엄마의 입을 통해 듣고 확인했던 시간이었지요. 예상치 못하게 나누게 된 대화였지만 이런 이야기를 나눌 수 있어서 내심 뿌듯하기도 했습니다. 성관계를 할 때 콘돔을 사용하는 것이 원하지 않는 임신과 성병으로부터 자신과 상대의 몸을 보호하는 최소한의 방법이라는 것을 아이에게 전할 수 있어서 다행이었습니다.

  "콘돔이 없을 땐 성관계를 해서는 안 돼."

  "콘돔은 선택이 아니라 필수야."

  "콘돔이 준비되어 있지 않다면 성관계를 다음으로 미룰 수 있어야 해. 그것이 용기야."

저의 두 번째 책 《딸에게 건네주는 손때 묻은 책》·에는 '콘돔을 쓰지 않으려는 남자와는 섹스하지 말라'는 이야기가 실려 있어요. 제 책을 읽은 한 남성분이 정말 너무나 진지한 얼굴로 말했습니다. "전 섹스 중에 절대로 콘돔을 쓰지 않습니다, 콘돔 끼고 섹스를 하면 아무 느낌이 없어서 싫거든요."

저는 오로지 자기 기분에 충실하기 위해 상대를 전혀 배려하지 않는 태도가 이기적으로 보였습니다. 사실 이런 담론은 주변에 넘칩니다. 콘돔이 섹스의 흐름을 깬다거나, 느낌이 둔감해진다거나, 피임은 여자가 해야 한다거나, 자기 조절 능력이 뛰어나서 콘돔 없이도 괜찮다거나. 다 떠나서 '나만 믿어' 하는 식의 말들입니다.

오랜 기간 콘돔을 사용해온 경험자로서 콘돔에 관한 오해를 바로잡고 싶습니다. 먼저 콘돔은 원하지 않는 임신을 막기 위해, 성병으로부터 자신과 상대의 몸을 보호하기 위해 반드시 사용해야 합니다. 성병은 성병 보균자와 성관계를 맺을 시, 감기처럼 누구라도 걸릴 수 있는 흔한 질병입니다. 기본적으로 나도 예외가 아니라는 생각을 가져야 합니다. 나와 상대의 몸을 안전하게 보호하기 위한 가

• 《딸에게 건네주는 손때 묻은 책》 김항심, 내일을여는책, 2016

장 기본적인 장치이므로 선택이 아니라 필수용품입니다.

콘돔이 성관계의 분위기를 깬다고요? 아닙니다. 섹스는 무엇보다 두 사람의 마음이 편안해야 합니다. 안전한 공간에서 안전한 관계를 맺을 수 있다는 확신이 있어야 몰입할 수 있습니다. 여성은 임신에 대한 두려움이 크기에 섹스를 불편하게 여길 수밖에 없습니다. 저는 아이를 더 낳지 않기로 결정한 이후부터는 배란 주기에 따라 비교적 안전한 시기라 해도 콘돔을 반드시 챙깁니다. 마음이 편안하지 않은 상태로는 제대로 성관계를 할 수가 없기 때문이지요. 상대를 진심으로 아낀다면 중간에 콘돔을 착용해야 하는 번거로움도 섹스의 흥을 깨는 것이 아니라 섹스의 자연스러운 과정으로 받아들일 수 있습니다. 자신만의 성적 쾌감을 위해 상대의 안전을 담보로 삼는 것은 이기적인 행동일 뿐입니다.

대학생 자녀를 타지로 보낸 엄마와 이야기를 나눈 적이 있습니다. 임신에 대한 공포를 차단하기 위해 아이와 의논해서 이식형 피임제인 임플라논 시술을 받게 했다고 합니다. 임플라논도 피임의 한 방법이므로 아이가 원한다면 좋은 선택일 수 있습니다. 하지만 임플라논을 포함한 여러 피임법 중 100% 완벽하고 안전한 피임법은 없습니다. 임신뿐 아니라 성병으로부터 몸을 보호하는 것도 매우 중요하고요. 그러니 임플라논을 시술했더라도 콘돔을 반드시 사용해야 합니다.

저는 청소년을 대상으로 하는 교육에서 다양한 피임법을 교육하지만, 그 어떤 피임법보다 콘돔을 우선으로 사용하기를 적극적으로 권장합니다. 경구 피임약은 여성이 주도적으로 해야 하는 피임법으로 매일 복용해야 하는 번거로움이 있고, 자궁 내 장치는 저마다 체질에 따라 부작용이 생길 수도 있습니다. 병원에서 시술받아야 하는 등 경제적인 부담도 동반하고요. 콘돔은 비용이 저렴하면서도 언제 어디서든 쉽게 구할 수 있고, 성관계할 때만 잘 착용하면 되므로 편리합니다. 무엇보다 서로의 몸을 보호할 수 있는 장치로서 유일한 피임법입니다. 여성과 남성이 함께 선택하고 실천함으로써 책임까지 나눌 수 있기에 더욱더 좋은 방법입니다.

즐겁고 당당하고 안전한 섹스를 위한
계획 세우기

'섹스'를 하기 위해 준비해야 할 것을 미리 알려주는 것도 중요합니다. 특히 청소년 자녀가 연애 중이라면 부모가 먼저 용기 내어 이야기를 꺼내야 합니다. 섹스를 부추기는 것이 아니라 섹스에 더 신중한 자세를 키우기 위한 과정입니다.

대중매체에서 그려지는 연인 간 성관계의 상당수는 우발적으로 치러집니다. 술에 취해 같이 호텔에 들어갔다가 일어났더니 옷을 벗고 있어서 깜짝 놀라는 장면은 전형적이다 못해 식상하기까지 하지요. 대학생들에게 '섹스'를 하기 위해 준비해야 할 것이 무엇이냐고 물으면 '술'이라는 대답이 나오기도 합니다.

여행을 가거나 맛집을 찾아갈 때도 우리는 여러 정보를 검색하고 계획을 세웁니다. 함께 갈 사람과 취향을 따져보고 스케줄을 조율합니다. 서로 의견을 맞추는 과정에서 관계가 더 친밀해지기도 하지요. 섹스는 두 사람이 나눌 수 있는 아주 내밀한 관계 맺음입니다. 나의 욕구와 상대의 욕구를 조율하고 성적인 관계 맺음을 통해 당사자 모두가 행복해야 합니다. 이를 위해 준비해야 할 것이 있는데요. 다음 10가지 질문을 자녀와 꼭 나누어보시기 바랍니다.

- 상대와 나는 평등한 관계인가?

- 상대와 섹스를 하고 싶은 마음이 자발적으로 생겼는가?

- 상대에 대한 믿음이 있는가? (나와의 성적인 관계를 다른 사람에게 말하지 않을지, 나를 존중해주는 사람인지 등)

- 상대도 섹스하고 싶다고 정확하게 표현했는가?

- 섹스를 할 수 있는 안전한 공간이 있는가?

- 피임법에 관해 이야기를 나누고, 피임 도구를 준비했는가?

- 섹스할 때, 서로 존중하고 배려하는 행동을 하겠다고 약속했는가?

- 섹스를 끝낸 후, 불편함이 남을 여지는 없는가?

- 섹스에 동의했어도 서로 언제든 그만둘 수 있음을 이야기했는가?

- 섹스 과정 중에 누구라도 자신의 감정을 솔직하게 말할 수 있으며, 상대의 감정을 존중할 것을 약속했는가?

청소년이든 어른이든 섹스를 하기 위해 자신의 마음을 정확하게 인식하고 상대를 존중하는 태도를 갖는 것이 중요합니다. 섹스하기 위한 장소에서부터 피임 도구, 관계를 시작하고 마무리 짓는 과정까지의 책임감 등 어느 것 하나도 소홀히 다뤄서는 안 됩니다. 준비되지 않았다면 섹스를 미룰 수 있는 자세가 필요하다는 것을 알려주세요. 준비되지 않은 상대를 기다리는 것 자체가 상대를 존중하고 사랑하는 일임을 꼭 전해주시기 바랍니다.

Solution4.
아이와 '섹스'를 주제로 대화한다면

•

어떻게 답해야 할지 모르겠다면, 시간을 달라고 하기

나는 어떻게 태어났는지, 유튜브를 보다가 야한 동영상이 나왔는데 어떻게 해야 할지, 우리 아이들은 다양한 것들을 진심으로 궁금해합니다. 아이가 성적 주제에 관해 질문한다면 부모로서 최선을 다해 담백하게 대답해주세요. 만약 어떻게 말해줘야 할지 모르겠다면 아이에게 공부해서 더 잘 알려주겠다고 약속하고 미루면 됩니다. 그런 부모의 태도에 아이는 오히려 고마워합니다. 자신의 질문을 무시하지 않고 진지하게 받아들여 주었다고 여깁니다.

성적인 질문에 답을 할 때는 정확한 명칭을 사용

성기의 이름, 섹스라는 단어, 성관계, 정자, 난자, 발기 등 성적인 언어를 부끄러워하지 않고 대화에 녹여 주세요. 대충 얼버무리거나 적절하지 않은 대체어를 쓰면 아이들은 혼란을 겪습니다. '아, 부모님도 부끄러워하는구나. 성에 대해 대화를 나누는 일은 정말 어렵구나'라는 인식을 전해서는 곤란합니다. 성적 용어들을 어색하지 않게 사용하는 연습이 필요합니다.

아이 수준에 맞는 성교육 책을 책상 위에 놓아두기

아이들이 읽을 만한 성교육 책들이 많이 나와 있습니다. 부모님께서 먼저 읽어보고 권해 주세요. 잘못된 정보나 성적 고정관념이 담겨 있을 수 있으니 점검이 필요합니다. 아이들 성장주기에 맞는 내용이 잘 기술되어 있고 아이의 눈높이에 맞게 잘 쓰여 있는지 살펴봐 주세요. 읽은 후에 아이가 자신의 몸과 마음을 긍정적으로 바라

볼 수 있게 될지도 가늠해보시기 바랍니다.

●

성적 대화를 나눌 순간을 포착, 먼저 질문하기

성교육 강의에서 가장 많이 나오는 질문 중 하나가 "우리 아이는 아직 성에 관해서 관심이 없는데 성교육을 꼭 해야 할까요?"입니다. 먼저 점검해보면 좋겠습니다. 우리 아이가 정말 성에 관한 관심이 없는지.

아이들은 모두 다릅니다. 궁금한 것을 바로 질문하는 아이가 있는가 하면, 혼자서 조용히 궁리하는 아이가 있지요. 성에 대한 호기심도 표현하는 아이가 있는가 하면, 혼자만의 이야기를 만드는 방법으로 처리하는 아이도 있습니다. 실제로 성에 관해 관심이 큰 아이가 있고 아예 없는 아이들도 있지요. 괜히 성 이야기를 꺼내서 아이의 성적 호기심만 자극하는 것이 아닌가 하는 두려움을 갖기보다 되도록 빨리 아이와 이야기를 나눌 다양한 기회를 만드는 것이 훨씬 좋습니다. 호기심을 가져야만 좋은 질문을 할 수 있고, 질문이 나와야 적극적인 응답을 해줄 수 있으니까요.

●

사적 경계를 침해하는 질문에 대처하기

간혹 아이들의 질문이 경계를 넘어설 때도 있습니다. 부모의 성관계 횟수를 묻는다든지, 대답하기 힘든 사적이고 내밀한 일들에 대해 궁금해할 수도 있습니다. 모든 질문에 답을 해야 한다는 부담을 가질 필요는 없습니다. 부모에게도 개인적인 부분이 있고 이를 존중받을 권리가 있습니다.

> "나도 내 사적인 경험에 대해서 말하고 싶지 않은 게 있어. 네가 내 자식이어도 말이야. 엄마의 성 경험에 대해 자세하게 묻는 것은 엄마의 경계를 침범하는 일이 되기도 하는 거야. 엄마도 존중받고 싶어."

아무리 가까운 사이라도 서로의 경계를 지켜주는 것이 가장 기본적인 예의임을 가르쳐주세요. 부모와의 관계에서 서로의 경계를 존중하는 태도를 잘 배운 아이라면 밖에서 맺는 관계에서도 그럴 것입니다. 짓궂은 아이들은 때론 누군가를 곤란에 빠트리기 위해 사적인 질문을 이용하기도 하는데요. 이런 행동이 폭력이 될 수도 있다고 알려주는 것이 중요합니다.

●

성적인 대화를 나눌 때는 긍정적인 분위기로

성에 대해 메시지를 전하는 사람의 표정과 목소리는 긍정적이어야 합니다. 아이들과 성을 주제로 이야기 나누게 되는 때는 주로 성폭력 사건이 화제가 될 때인데요. 걱정스러운 마음으로 이야기를 꺼내고 아이들이 성폭력 피해를 입지 않도록 단속하는 내용을 전하게 됩니다. 물론 아이를 염려하는 마음 때문이지만 부모의 목소리와 눈빛에 불안이 담긴 채 전달되어서는 안 됩니다.

성은 어른도 대화 나누기 쉽지 않은 주제입니다. 아이들과 성에 관해 대화를 나눌 때는 눈빛과 목소리에도 신경을 써 주세요. 어른이 긴장하면 아이도 똑같이 긴장하게 됩니다. 아이들 성장에 있어서 정말 중요한 이야기를 하고 있다고 자부하고 아이들이 안정감을 느낄 수 있도록 배려해주세요.

"성에 관해 이야기 나눌 수 있을 만큼 네가 충분히 컸구나, 참 든든

해", "너와 이야기 나누는 것이 즐거워"라는 메시지를 목소리와 표정에 담아주세요.

●

아이들이 마음 놓고 질문할 수 있는
안전한 상담 사이트 알려주기

성적인 질문이 생기거나 도움이 필요할 때, 부모나 어른에게 먼저 손 내미는 것이 아이들에게는 어려울 수 있습니다. 어른과 성적인 대화를 나눠 본 경험이 거의 없고, 어른들에게 자신의 고민을 털어놓기 위해서는 많은 용기가 필요하기 때문이지요.

아이들이 성적인 질문을 할 때 편견 없는 답변을 얻을 수 있는 곳, 안전하게 자신의 고민을 드러낼 수 있는 곳, 자신이 겪은 일이 폭력인지 아닌지 확인할 수 있는 곳, 구체적인 도움을 받을 수 있는 곳을 미리 알려주세요. 성 정체성에 대해 고민하는 청소년이 있다면 안전한 상담 사이트를 알려주세요. 이런 정보를 주는 것 자체가 자녀에게 성에 관해 긍정의 신호를 보내는 일입니다.

십대여성인권센터
전화상담 010-8232-1319
　　　　 010-3232-1318
카카오톡상담 cybersatoo
온라인상담 teen-up.com

한국여성민우회 상담소
전화상담 02-335-1858
온라인상담 womenlink.or.kr

한국성폭력상담소
전화상담 02-338-5801
온라인상담 sisters.or.kr
(초기 상담은 전화로만 가능)

행동하는성소수자인권연대
전화상담 02-715-9984
온라인상담 lgbtpride.or.kr
이메일상담 lgbtcounsel@gmail.com

디지털성범죄 피해자지원센터
전화상담 02-735-8994
온라인(비공개)상담 d4u.stop.or.kr

한국사이버성폭력대응센터
전화상담 02-817-7959
온라인상담 cyber-lion.com

청소년사이버상담센터
전화상담 1388
문자상담 #1388
카카오톡상담 #1388

여성긴급전화 1366
전화상담 1366
카카오톡상담 women1366
온라인상담 women1366.kr

05 성폭력에 저항할 힘 키우기

아이들이 용기 낼 수 있도록

한국성폭력상담소가 발간한 〈성폭력, 두려워해야 하는가?〉*에는 초등학생 부모를 대상으로 성폭력에 관해 설문 조사한 내용이 나옵니다. 흥미로운 것은 아이의 성별에 따라 부모가 지닌 성폭력 피해에 대한 두려움이 다르다는 점입니다. 보통의 부모는 딸에 대해서만 성폭력 피해 불안이 크게 나타났고, 이 불안은 자녀를 단속하는 방향으로 표현되었습니다. '짧은 치마를 입히지 않는다', '속바지를 입힌다', '다리를 오므리게 한다'는 식으로 말입니다.

여자가 조심하면 성폭력을 피할 수 있다는 통념은 사실이 아닙니다. 성폭력은 명백히 가해자의 잘못으로 일어나는 일입니다. 다른 이유가 없습니다. 여자아이에게 조심해야 한다는 메시지를 주면 아이들은 성폭력을 당했을 때 자책하고 침묵하게 됩니다. 어른이 각별하게 주의를 기울여야 하는 대목입니다.

성폭력 피해에 대해 불안을 지닌 부모는 아이에게 낯선 사람을

* 〈성폭력, 두려워해야 하는가?〉 한국성폭력상담소, 2014

조심하고 경계하라는 메시지를 강하게 전합니다. 이러한 교육은 성폭력을 대처하는 능력을 키워주는 교육이 아닙니다. 오히려 세상과 어른에 대한 불신을 키워 아이의 삶을 위축시킵니다.

아이에게 성폭력을 행사하는 이는 가까이 있는 어른인 경우가 더 많습니다. 아이에게 다가가 신뢰 관계를 만든 후에 성폭력을 하는 사례가 대부분이지요. 저는 강의장에서 아이들을 만나면 어른의 한 사람으로서 진심을 담아 사과부터 합니다. 성폭력이 일어나는 사회를 만들어서 미안하다고. 어른들에게 성폭력 예방을 위한 교육을 열심히 하고 있고, 많은 어른이 성폭력 없는 사회를 만들기 위해 애쓰고 있으니 너무 걱정하지 말라고, 성폭력예방교육을 받아야 하는 이유는 우리 자신을 안전하게 보호하기 위한 일이라고도 말합니다. 교통사고가 나지 않게 운전하는 어른들이 조심해야 하지만 아이들도 안전벨트를 잘 매고, 신호등을 잘 보고 길을 건너는 등의 최소한의 규칙을 준수해야 하는 것과 같은 것이라고요.

《슬픈 란돌린》··이라는 동화책이 있습니다. 제 아이를 품에 안고 참 많이 읽어준 책입니다. 성교육 강의 시간에도 자주 소개합니다.

··《슬픈 란돌린》카트린 마이어, 아네테 블라이 그림, 허수경 옮김, 문학동네어린이, 2003

란돌린은 브리트를 정말 사랑하는 인형입니다. 브리트는 란돌린을 안아주고 챙겨주는 둘도 없는 친구지요. 어느 날부터 브리트는 밤마다 란돌린을 안고 웁니다. 자기에게 일어난 일을 말해주는데 듣는 란돌린은 너무 화가 납니다. 슬퍼하는 브리트를 보아도 곁에서 도울 수 없어 속상합니다. 브리트는 함께 사는 엄마의 남자친구에게 성폭력을 당하고 있습니다. 무서워서 다른 어른에게는 말하지 못하고 란돌린에게만 비밀을 털어놓습니다. 란돌린은 이 비밀을 들을 때마다 '그런 일은 너를 아프게 하는 일이야. 도움을 청해야 해'라고 소리치지만 말이 나오지 않아서 답답합니다. 마음으로 간절하게 외치던 어느 날, 란돌린의 입에서 드디어 말이 터져 나옵니다.

이제 브리트와 란돌린은 용기를 냅니다. 이웃집에 사는 화가 이모에게 자신이 겪은 일을 모두 말합니다. 주의 깊게 들어 준 화가 이모는 브리트와 란돌린을 꼭 안아줍니다. 이제 힘든 일을 혼자 겪지 않아도 된다고, 우리가 나쁜 짓을 저지른 그 사람을 혼내줄 거라고요. 브리트와 란돌린은 이야기를 함으로써 마음의 짐을 홀가분하게 벗게 됩니다. '용기를 내어 주변의 어른에게 말하면 반드시 너의 편이 되어준다'는 메시지가 담긴 책입니다.

이제, 아이에게 이런 메시지를 전해주세요.

"누군가 네게 원하지 않는 접촉을 할 수도 있어. 친구일 수도, 잘 알고 지내는 어른일 수도 있어. 네가 용기를 낼 수 있다면, 싫다고 말하렴. 그런데 싫다고 말하지 못해도 괜찮아. 네 잘못이 아니야. 네가 용기 있게 선택할 수 있는 일은 부모님이나 선생님께 네가 당한 일을 말하는 거야. 너를 지켜주고 보호해주는 어른이 늘 곁에 있다는 것을 기억해 줘."

어린이 성폭력을 다룬 그림책을 아이에게 읽어주세요. 혼자 읽도록 두지 마시고 안아주신 상태에서 읽어주세요. 성폭력의 구체적인 장면이 표현된 부분에서는 특히 더 신경 써 주세요. "이렇게 나쁜 사람이 있구나, 그러니까 조심해야 해"라고 무거운 목소리로 전달하지 않도록 주의해 주세요. 아이들에게 위협으로 전달되지 않도록 세심하게 주의를 기울여야 합니다. 다정한 목소리로 "이런 일이 생긴다면 꼭 이야기해 줘, 엄마와 아빠, 주변의 어른들이 너를 도와줄 거야"라고 말해주세요. 세상을 무서운 사람이 많은 곳으로 인식하는 대신 도와주는 어른들이 많은 곳으로 인식할 수 있도록 사려 깊게 이야기하는 것이 중요합니다.

네 잘못이 아니라는 메시지 전하기

미투 운동이 한창이던 어느 날, 딸에게 문자 메시지를 받고 고민에 빠진 어느 아빠가 있었습니다. 딸은 고등학교 다닐 때 성추행을 당했습니다. 부모님이 걱정할까 봐 그동안 말하지 못했지만 용기를 내기로 했다면서 "왜 이제야 말하냐고 다그치지 말아달라"고 부탁했다고 합니다.

딸의 문자에 아빠는 마음이 너무 아팠대요. '딸이 그동안 얼마나 힘들었을까?' 하는 걱정과 '왜 그동안 몰랐을까?' 하는 자책으로 고통스러웠겠지요. 아빠는 딸이 집에 돌아오면 어떻게 말해야 할지를 연습하면서, 딸 부탁대로 왜 이제야 말했냐는 말을 하지 않으려고 다짐에 다짐을 거듭했다고 합니다. 그런데 딸을 보자마자 자기도 모르게 "진작 말하지 그랬어"라는 말이 나오더랍니다. 그동안 마음고생 했을 딸이 안타까워서 나온 말이었을 것입니다. 그러나 아빠의 그런 마음과 달리 딸은 미리 말하지 못한 자신에게 피해의 탓을 돌리는 메시지로 들었을 가능성이 있습니다.

성폭력 피해자에게 우리는 너무나 가혹한 잣대를 들이댑니다. 술에 취해 있었다고, 옷차림이 야했다고, 밤길을 걸었다고, 문단속을 못 했다고. 이런 잣대들은 결국 '피해자가 처신을 잘못해서 피해를 보았다'는 통념을 만들어냅니다. 이런 통념들이 공기처럼 퍼져 있어 피해자는 침묵하게 됩니다.

다시 한번 강조합니다. 성폭력은 오직 가해자로 인해서 일어나는 범죄입니다. 피해자의 그 어떤 움직임도, 그 어떤 옷차림과 태도도 피해의 원인이 아닙니다. 성폭력 피해자에게 전해야 할 가장 중요한 메시지는 "네 잘못이 아니야"라는 것입니다. 수치심을 느낄 존재는 피해자가 아니라 가해자여야 합니다.

성폭력 가해자가 자신의 행위를 부끄럽게 여기고 범죄로서 처벌받는 과정을 통해 성찰하는 개인으로 다시 살아갈 수 있게 하려면 부모의 일상적인 언어부터 변해야 합니다. 딸이든 아들이든 성폭력은 오직 가해자의 의지로 저질러지는 범죄라고 가정 안에서부터 반복적으로 이야기해야 합니다. 가까이 있는 어른에게 폭력의 원인은 가해자에게 있다는 메시지를 자주 들어야만 성폭력에 대응할 수 있는 용기를 키울 수 있습니다.

성폭력 가해자가 될 수 있다는 상상

사회에 만연해 있는 성폭력 범죄를 접할 때마다 부모는 아이가 성폭력의 '피해자'가 되는 것을 두려워하면서도 아이가 성폭력의 '가해자'가 되는 가능성에 대해서는 생각하지 않는 경우가 많습니다. 성교육 현장에서도 '우리 아이가 성폭력을 당하지 않으려면 어떻게 할까요?'라는 질문은 빠지지 않지만 '우리 아이가 성폭력 가해 행위를 하면 어떻게 할까요?'라는 질문은 거의 나오지 않습니다.

《나는 가해자의 엄마입니다》* 의 저자 역시 자기 아들이 폭력의 가해자가 되리라고는 단 한 번도 상상해 보지 못한 사람이었습니다. 대학에서 장애인을 가르치는 저자는 약자에 대한 존중이 몸에 밴 사람이었고, 이를 아이들에게도 자연스럽게 가르치는 부모였습니다. 평범한 중산층 가정에서 아이들은 구김 없이 잘 자라고 있다고 여겼습니다. 어느 날, 아들은 학교에서 총기로 학생들을 살해하고 자살했습니다. 아들이 대체 왜 그랬을까? 혹시 자신의 양육에 문

• 《나는 가해자의 엄마입니다》 수 클리볼드, 홍한별 옮김, 반비, 2016

제가 있었던 것은 아닐까? 아들의 삶을 어디서부터 놓쳤을까? 이 책에는 저자의 자책과 성찰이 가득합니다.

부모가 아이를 사랑으로 대하고 긍정적인 양육 방식으로 키운다고 해도 아이들은 부모의 품 밖에서 다양한 사람을 만나고 다양한 경험을 합니다. 부모는 알기 어려운 또래 문화의 영향을 받으며 자기만의 인생을 구축해나가지요. 아이들에게 영향을 끼치는 문화는 집요합니다. 교실과 또래들 사이에 퍼져 있는 여성 혐오의 문화, 폭력적인 남성성에 아이들도 영향을 받을 수밖에 없습니다. 우리 아이가 특별히 나쁜 인성을 가져서가 아닙니다. 사회 문화의 영향이 강력해 그 문화에 젖어 들 수 있다는 것을 인정해야 합니다. 아이들은 '장난으로', '호기심 때문에' 혹은 '또래 집단에서 인정받고 싶은 욕구로' 힘이 약한 존재를 괴롭힐 수 있습니다. 그 괴롭힘이 성폭력이 되기도 합니다. 청소년들 사이에 또래 성폭력이 많이 일어나는 것 역시 부정할 수 없는 현실입니다.

"엄마도 나를 버릴 거야?"

한 아이가 있었습니다. 평소에 친하게 지내는 동성 친구가 있었습니다. 그날도 부모의 허락하에 친구의 집에서 잠을 자게 되었습니다. 함께 잠을 자다가 이 아이가 친구의 성기를 만졌습니다. 깜짝 놀란 친구가 소리를 질렀고, 아이 친구의 부모님이 알게 되었습니다. 피해자의 부모님은 학교에 정식으로 문제를 제기했고, 학교폭력위원회가 열렸습니다. 가해 행위를 한 아이가 이 과정을 거치며 엄마에게 울면서 한 말이 바로 "엄마도 나를 버릴 거야?"였습니다. 피해자가 받았을 상처와 고통을 생각하면 마음이 정말 아픕니다. 하지만 저는 가해 아이가 느꼈을 두려움과 공포도 이해하고 싶습니다.

어른으로서 우리는 가해한 아이를 어떻게 대해야 할까요? 처벌하면 그것으로 끝나는 일일까요? 아이가 이 일을 계기로 '폭력'에 대한 민감성을 키우고 다른 존재를 존중하는 일이 얼마나 중요한지 깨닫게 하는 것이 더 중요하지 않을까요?

아이들이 성폭력 가해 행위를 하는 것은 그런 문화를 용인해온 어른의 잘못이 큽니다. 성폭력이 일어날 수 있는 환경을 방치한 우리 모두의 책임이기도 하니까요. 물론 가해한 아이에게 잘못이 없다는 것이 아닙니다. 다만 아이가 자신의 잘못을 객관화하고 더 나은 존재로 성장할 기회를 주는 것이 어른이 해야 할 중요한 일이라는 것입니다.

여성가족부와 광주여성가족재단이 함께 진행하는 '찾아가는 디지털성폭력예방교육'으로 아이들을 만나고 있습니다. 초등학교 5학년을 대상으로 교육할 때 일입니다. 아이들에게 물었습니다. "여러분들이 꿈꾸는 세상은 어떤 세상이에요? 여러분들은 어떤 꿈을 꾸고 있어요?"

"나쁜 사람들이 다 죽어 버렸으면 좋겠어요."
"야, 그러면 이 세상에 남아있는 사람은 하나도 없어. 우리도 누군가에게는 나쁜 사람이야. 그럼 우리도 다 죽어야 해."

저는 얼른 '우리도 누군가에게는 나쁜 사람이야'라는 대답을 받아 제가 전하고 싶은 메시지를 아이들에게 들려주었습니다.

"맞아요. 바로 그거예요. 우리는 모두 누군가에게 나쁜 사람일 수 있다는 것을 돌아보는 태도가 중요해요. 이런 태도를 갖춰야 한다는 이야기를 여러분한테 전하고 싶었는데 친구가 먼저 이야기해 주었네요. 우리가 누군가에게 나쁜 사람일 수 있다는 사실을 깨닫고 좋은 사람이 되기 위해 작은 실천부터 해보는 것은 어떨까요? 나쁜 사람을 다 사라지게 하는 것이 아니라, 우리가 모두 좋은 사람이 되려고 노력한다면 우리가 사는 이 세상은 점점 좋은 곳이 될 거예요."

성폭력예방교육을 할 때 어른들에게서 가장 많이 나오는 불만은 "왜 우리를 잠재적 가해자로 만드는가?"입니다. 특히 남자아이를 키우는 부모는 "우리 아들은 착한데 남자아이들 모두 문제가 있다는 말로 들려서 불쾌하다"고 표현하기도 합니다.

초등학교 5학년 어린이의 '나도 누군가에게는 나쁜 사람일 수 있다'는 성찰은 정말 귀한 태도입니다. 어른도 마찬가지입니다. 나도 누군가에게 폭력을 가할 수 있는 존재라는 사실을 자각하는 것, 이런 자각을 시작으로 자신의 언어와 태도를 바꾸고 성찰해 나가는 일이 바로 성폭력예방교육의 중요한 목표입니다. 나도 잠재적 가해자가 될 수 있다는 자각도 매한가지입니다. 불쾌하고 불편한 일이 아니라 더 나은 존재가 되기 위해 노력하는 사람으로 살게 하는 계기가 되어줍니다.

성평등 강사인 저도 일상에서 성차별적인 말을 하거나 성폭력을 가하는 사람일 수 있음을 자각합니다. 성희롱 사례를 설명하면서 실제로 앞에 앉아 계신 선생님의 등을 만지는 시범(?)을 보이다가 불편하다고 항의받은 일도 있고, 군대에서 만난 남자 간부의 외모를 칭찬하며 건넨 말로 어색한 분위기를 만들었던 기억도 있습니다. 그런 경험을 할 때마다 더 주의를 기울이게 되고 조심하게 됩니다. 힘을 가진 위치에 있는 사람일수록 자신이 잠재적 가해자로서의 위치에 서 있다는 사실을 자각하는 것은 매우 중요한 태도입니다.

피해의 경험을 잘 들어주는 일에 대하여

미투 운동으로 피해자들이 자신의 목소리를 내고 있습니다. 폭력으로 자신의 삶이 어떻게 무너지고 있는지, 다시 삶을 세우기 위해 어떻게 버티고 있는지, 폭행당한 자신의 경험을 자신만의 언어로 말하고 있습니다. 아름다운 혁명이라고 생각합니다. 폭력의 당사자가 세상에 내놓은 말이야말로 폭력의 문제를 가장 정확하게 드러냅니다.

피해의 경험을 들어주는 사람들이 얼마나 있는가? 라는 질문을 해봅니다. 피해자의 생생한 언어를 편견이나 평가 없이 잘 들어주는지의 여부는 사회의 성숙도와 더불어 평등의 정도를 판단하는 기준이 됩니다. 들어주는 이들은 분명히 늘어났는데, 피해자다움의 프레임을 통해 '걸러진' 피해자의 이야기를 선택해서 듣고 있는 것은 아닌지 깊이 들여다봐야 합니다.

"조심하지 그랬어?"
"술은 왜 마셨니?"
"옷이 야하지 않았어?"

"먼저 빌미를 줬겠지, 꽃뱀 아니야?"

성폭력 피해자를 향한 대중의 폭력성은 여전합니다. 성폭력 피해자들을 힘들게 하는 것은 피해자에게 의심 가득한 말을 쏟아내는 시선과 분위기입니다. 사람들은 피해자다워야 피해자라고 인정하고 그런 인정을 받아야만 피해의 이야기를 조금 믿기 시작합니다. 과연 피해자답다는 것은 어떤 모습일까요?

피해를 드러내고 일을 해결해나가는 과정에서 기대하는 피해자의 이미지는 고정되어 있습니다. '무릎에 고개를 묻고 웅크린 여성'이 사회가 상상하고 요구하는 피해자의 모습이지요. 많은 이들이 피해자라면 당연히 일상이 무너져야 한다고 생각합니다. 상처가 너무나 커서 평소에 하던 일상의 일을 못 해내는 수준이 되어야 그가 당한 폭력을 인정합니다. 특히 성폭력의 피해자라면 앞으로 다가올 삶도 잘 살아가지 못할 것으로 여깁니다. 트라우마에 시달리고 발목이 묶여 피해의 순간에 박제되어 살아야만 비로소 '피해자답다'고 인정합니다.

최근 정의당 김종철 전 대표에 의한 성추행 피해를 본 장혜영 국회의원은 '피해자다움'에 대한 균열을 냈습니다. 사건 이후 힘들었지만 더 치열하게 일을 했다고 합니다. 그는 성폭력 피해자의 모습은 다양하며 피해를 해결하고 극복해가는 모습도 모두 다르다는 것을 강조합니다. 아주 중요한 메시지입니다.

살면서 어느 순간 성폭력을 당한 사람이 있습니다. 그는 자신의 무수한 삶의 맥락 안에서 피해를 본 '사건'을 겪었을 뿐인데 우리 사회는 그 사람의 과거와 현재, 미래를 몽땅 삭제해버리고 '피해자'로만 바라봅니다. 그는 성폭력 피해를 입었다는 사실과 별개로 다양한 관계를 맺고 있는 사람이고 무수한 경험을 쌓아 온 사람이며 앞으로도 그럴 수 있는 사람입니다.

성폭력을 당한 이후의 모습도 사람마다 다릅니다. 그동안 삶에서 축적해온 용기와 힘으로 피해를 당당히 말하는 사람도 있고, 가해자에게 사과를 요구하고 처벌받을 것을 촉구하는 사람도 있습니다. 성폭력 피해에서 받은 상처를 일상의 다른 영역에서 의미 있는 일을 함으로써 치유해 가는 피해자도 있습니다. 일상을 더 잘 살아내는 성실함을 보일 수도 있고, 피해의 고통을 직면하여 더 나은 존재로 성장하기 위해 노력할 수도 있습니다.

이렇게 다양한 피해자들의 모습을 두고 사회가 요구하는 '피해자다움'에 맞지 않는다고 '진짜 피해자'가 아니라고 보는 시선은 또 다른 폭력입니다. 피해자가 '피해자'에 머무르지 않고 '생존자'로서 당당하게 살아갈 수 있도록 주변 사람들의 새로운 시선이 응원처럼 전해져야 합니다.

미투 운동에 많은 사람이 '함께 하겠습니다'라고 응답하고 있습니다. 응답을 실천하는 방법은 아주 많지만, 먼저 성폭력 피해를 본 개인의 고유한 삶과 조건을 정성 들여 들어주는 일부터 시작해야 한다고 생각합니다. 미투 운동은 들어주는 사람이 존재하기에 가능한 운동이기 때문입니다. 먼저 우리 마음에 새겨져 있는 '피해자다움'을 의심해 볼 수 있어야 합니다. 피해자다움을 강화하는 통념일 수 있는 말은 표현하지 않도록 노력해야 합니다. 대신 성폭력 피해를 본 사람이 시간을 잘 이겨나가도록 격려하는 말, 폭력의 피해가 앞으로의 삶을 발목 잡지 않는다고 믿어주는 말을 더 풍성하게 지녀야 합니다.

부모로서 성교육을 잘하는 일은 결국 내가 일상의 관계에서 어떤 종류의 말을 하는가를 고민하는 일입니다. 성찰하지 않는 사람은 사회의 폭력적인 말을 그대로 반복함으로써 폭력의 재생산에 기여합니다. 누군가에게 힘을 주고 용기를 주는 언어는 치열한 노력과 연습을 통해 만들어진다는 것, 기억해주세요.

포르노랜드에서 아이들은 무엇을 볼까

제 친구의 이야기입니다. 아들이 흔히 말하는 '야동'˙을 본 것 같은 느낌이 왔다고 합니다. 남편에게 아들과 대화를 좀 해보라고 살짝 귀띔했대요. 흔쾌히 알았다고 한 남편이 아들 방에 들어가더니 흐뭇한 표정으로 나오더랍니다. 아들에게 얘기 잘했는지, 무슨 말을 어떻게 했는지, 아들이 잘 듣는지 물었더니 남편은 '남자들은 다 그렇게 야동을 보며 자라니 안심하라'고 했다네요.

> "자식, 다 컸구나. 볼 수도 있지. 아빠도 본 적이 있어. 근데 너무 많이 보지는 마라."

이 정도의 대화면 충분할까요? 먼저 '야동'이라는 용어부터 성찰

• 야한 동영상의 줄임말. 이러한 동영상에는 여성을 대상화하고 강간, 성착취에 이르기까지 다양한 성범죄 행위가 담겨 있는데 '야동'이라고 뭉뚱그려 부르면 야동의 폭력성 및 범죄성을 은폐하는 문제가 있다. 필자는 사용하는 맥락에 따라 '야동' 대신 포르노, 불법 촬영물, 성 착취물로 나누어 쓰고 있다.

해야 합니다. 그동안 우리 사회는 불법 촬영물과 성 착취물, 상대의 동의 없이 유포된 성관계 영상물까지 모두 '야동'이라는 이름으로 뭉뚱그려 소비해 왔습니다. '국산 야동'이라는 이름표로 유통된 대부분의 영상이 불법 촬영물이거나 성 착취물, 비동의 유포 영상이었다는 사실이 최근에서야 성폭력 문제로 떠올랐지요. 그동안 우리가 문제의식 없이 소비해 온 영상들 속에는 '살아가는 존재'로서의 피해자가 엄연히 존재하고 있습니다. 성교육 강사로서 참담함을 느끼는 대목입니다.

야동이라는 단어에 가려진 심각한 폭력성에 대한 성찰이 필요합니다. 특히 아이들에게는 이 부분을 정확하게 알려줘야 합니다. 여성의 몸과 성을 '야동'으로 소비해온 이 거대한 폭력을 근절시키려면 부모부터 각성하고 실천해야 합니다. 성적 호기심을 갖는 일은 자연스러운 일이지만, 누군가를 피해자로 만들면서 그 호기심을 해소해서는 절대로 안 된다고 이야기해야 합니다.

- 불법 촬영물이 아니라면, 성 착취물이 아니라면, 비동의 유포 영상이 아니라면, 외국에서 합법적으로 제작된 포르노라면 괜찮을까?

- 포르노는 어떤 장면을 주로 담고 있을까?

- 포르노는 보는 아이들에게 어떤 영향력을 행사할까?

《포르노랜드》'의 저자는 포르노의 기본 공식이 성적 주체는 남성, 객체는 여성이라는 점을 지적합니다. 인기 있는 포르노의 장면을 무작위로 골라 분석해 보면 대부분의 장면이 여성의 몸에 폭력을 행사하는 것이었다고 합니다. 포르노 장면에서 여성은 인격이 완벽하게 제거된 그저 몸으로서만 존재하는데요. 여성의 목을 조르고, 얼굴에 사정하는 등 여성을 거칠게 다루는 장면은 거의 모든 포르노에 등장하지요. 포르노 속 여성은 처음에는 폭력적인 행위에 저항하는 듯 보이다가 이내 순응적인 태도로 바뀝니다. 나중에는 폭력적인 행위 안에서 쾌감을 느끼는 것으로 표현됩니다.

포르노가 위험한 이유는 바로 포르노가 전하는 여성에 관한 왜곡된 메시지 때문입니다. 저자에 의하면 포르노는 '여성은 언제나 섹스할 준비가 되어 있는 존재, 아무리 위험한 관계에서도 즐기는 존재, 폭력적인 상황에서도 순응하는 존재'라는 메시지와 더불어 '여성의 성을 언제든 취할 수 있어야 진짜 남자'라는 메시지를 전한다고 합니다. 저자는 말합니다. 포르노는 '남성들에게 성에 관한 이야기를 전하는 가장 가시적이고, 접근하기 쉬우며, 알아듣기 좋은 스토리텔러'라고.

　포르노 보는 것을 모두 막을 수는 없습니다. 광활한 사이버 공간 곳곳에 포르노가 있고, 아이들은 우리가 알지 못하는 아주 다양한 채널을 통해서 포르노를 접합니다. 그렇다고 손을 놓고 있을 수만은 없겠지요. 포르노에 노출되는 것을 막을 수는 없어도 '포르노의 폭력성'을 대화의 주제로 불러와서 이야기할 수는 있습니다. 그러기 위해 부모가 먼저 포르노의 폭력성을 정확하게 공부하는 과정이 필요합니다.

• 《포르노랜드》게일 다인스, 신혜빈 옮김, 열다북스, 2020

사이버 공간에서 일어나는 폭력에 대해
알고 준비해야 할 것

2020년 말, 디지털성범죄피해자지원센터가 사전 모니터링 과정에서 발견한 성 피해 촬영물 가운데 아동, 청소년이 피해자인 경우가 43%에 이르는 것으로 나타났습니다.* 자녀가 인터넷과 스마트폰을 사용하고 소셜미디어 계정을 사용하기 시작했다면 사이버 공간에서 경험할 수 있는 다양한 폭력들을 툭 터놓고 대화해야 합니다. 포르노, 성 착취물, 불법 촬영, 그루밍, 섹스팅, 사이버 성폭력 등의 모든 주제를 아울러서 말입니다. 안전하게 사용할 수 있는 지침 없이 그저 인터넷 사용만 제한한다면 아이들은 위험한 상황에 빠졌을 때 대처할 수 없게 됩니다. 부모의 역할은 자녀가 사이버 공간에서 안전한 선택을 할 수 있도록 적극적으로 개입하고 돕는 것입니다.

'그루밍 성범죄'란 가해자가 피해자에게 친밀하게 접근해서 신뢰 관계를 만든 후에 행하는 성적 가해 행위를 통칭합니다. 그루밍 과

• 〈2020 사전 모니터링 분석보고서〉 디지털성범죄피해자지원센터, 2020

정에서 몸 사진을 요구하고, 직접 만나기를 강요하거나 요구에 응하지 않으면 가까운 지인과 부모에게 알리겠다는 협박을 하기도 하지요. 피해자에게 접근할 때 가해자는 자신의 의도를 노골적으로 드러내지 않습니다. 아주 친절하고 호의적인 사람으로 보이려고 노력하고, 그런 믿음을 얻어내기 위해 공을 들입니다. 가해자는 원하는 것을 얻기 위해 '어르고 달래고 말을 잘 들어주는 것'이지만 피해자는 이런 의도성을 읽어내기가 무척 어렵습니다. 피해 청소년 대부분은 이 그루밍 과정에서 가해자를 진짜 친밀한 사람으로 받아들이고 신뢰하는 경우가 많습니다. '왜 위험한 채팅을 지속했느냐?', '왜 가해자를 믿었느냐?'라는 질문은 피해자를 탓하는 논리일 뿐입니다. 질문은 가해자에게 해야 합니다. '왜 청소년에게 친밀하게 대했느냐?', '어떤 의도를 가졌느냐?', '왜 청소년의 성을 착취했느냐?'라고 물어야 합니다.

어른들은 사이버 공간에서 일어나는 폭력 사례들에 관해 공부해야 합니다. 코로나19로 인해 비대면 교육이 늘면서 화상 교육 과정에서도 폭력적인 일들이 일어나고 있습니다. 수업 중 채팅창에 성적인 글을 쓰거나 참여자의 사진을 함부로 캡처해서 공유하는 일도 있습니다. 새롭게 등장하는 폭력 사례들이 보도되면 그냥 넘기지 말고 아이들과 대화를 나눠보시면 좋겠습니다. 아이가 이 문제에 대해 어떻게 생각하는지 의견을 묻고, 좋은 대처 방법을 이야기 나누는 과정을 거치면 아이들은 스스로 답을 찾아 제시할 겁니다.

특히 아이가 즐겨보는 유튜브나 아프리카TV 채널을 챙겨봐 주세요. 유튜버와 아프리카TV 운영자들이 아이들에게 미치는 영향력은 매우 강력합니다. 이들이 혐오 표현을 하지 않는지, 폭력적인 콘텐츠를 다루지는 않는지 살펴보고 아이와 대화해 보시기 바랍니다. 실시간 채팅이 가능한 게임에서도 아이들은 폭력에 노출되어 있습니다. 아이들은 게임을 하면서 막말과 폭력적인 말들을 경쟁적으로 사용합니다. 아이가 어떤 게임을 하는지, 게임 중에 경험한 폭력적인 일들은 없었는지에 관해 자주 대화를 나눠주세요. 게임을 아예 못하게 할 수 없다면, 게임을 안전하게 할 수 있는 방법을 알려줘야 합니다.

인스타그램이나 페이스북 등 SNS도 마찬가지입니다. 아이들은 또래들과 소통하면서 성장합니다. 부정할 수 없는 현실입니다. SNS에 올려서는 안 되는 게시물의 리스트를 자녀와 함께 이야기해 보세요. 친구의 사진, 친구의 사적인 이야기를 동의 없이 게시물로 올리지 않기, 성적인 이미지나 영상 올리지 않기, 자신의 사진을 올릴 때 신중하기, 성기 사진 등 노출이 심한 신체 사진 올리지 않기, 불법 촬영물은 신고하기, 혐오 표현 올리지 않기 등 리스트의 내용이 상세할수록 아이들은 주의를 기울이게 됩니다.

소셜미디어에서 '일탈', '자해' 등을 검색해 보신 적이 있나요? 엄청난 수의 게시물이 나옵니다. 대부분 청소년이 올리는 게시물이지요. 올리는 행위를 탓하기보다 왜 이런 게시물을 올리는지, 얻고 싶은 것이 무엇인지 청소년 입장에서 생각해 보는 게 우선입니다. 단순히 우리 아이는 아니겠지? 라고 방심할 문제가 아닙니다.

아이와 친구들은 주로 어떤 게시물을 올리는지 평상시에 자주 대화를 나눠보세요. 아이의 게시물에 '좋아요'를 누르고 칭찬의 댓글을 달아주는 어른의 의도를 경계할 수 있어야 한다는 말도 해주셔야 합니다. 부모가 어른으로서 청소년의 몸을 착취하는 폭력이나 범죄를 어떻게 바꿔 갈 것인지 고민하고 있고, 어떤 식으로든 실천하려고 노력하고 있다는 말도 전해주시면 좋겠습니다.

소셜미디어가 아이들에게 부정적인 영향을 미치는 점만 부각해 통제하고 관리하는 방식으로는 문제를 해결할 수 없습니다. 아이들의 자율성은 존중하면서 소셜미디어에 휘둘리지 않을 내면의 힘을 키워주고, 위험한 행위를 하지 않도록 주의를 기울여야만 합니다. 소셜미디어를 지혜롭게 사용할 수 있는 힘을 키워주고 긍정적인 영향력을 주고받을 수 있는 디지털 시민의식을 갖추게 하는 것이 우리가 할 수 있는 최선의 역할일 것입니다.

성교육은 성찰의 거울

성교육은 타인과 존중의 관계를 맺고 있는지 비춰볼 수 있는 '성찰의 거울'입니다. 성교육이 사회 구성원 모두의 성교육이 되어야 하는 이유입니다. 성찰의 거울을 앞에 두고 자신의 삶을 바로 세워나가는 개인들이 많아질 때 우리 사회는 평등한 사회로 이동하게 될 것입니다.

무엇을 실천할 것인가? 가장 일상적이고 구체적인 실천으로 대답할 차례입니다. 가장 우선되어야 하는 것은 자신이 쓰는 언어를 성찰하고 곁에 있는 이들에게 존중의 언어로 말하는 것입니다. 반대로 일상에서 폭력적인 언어를 마주했을 때, 단 한 사람이라도 문제를 제기할 수 있어야 합니다. 언어에 균열을 내는 일입니다. 당장의 변화는 생기지 않더라도 누군가는 한 번쯤 다시 생각하게 될 거예요. 그런 생각이 반복된다면 성찰로 이어지고 사용하는 언어가 변할 수 있습니다.

"그런 말 써도 돼?"

"그거 혐오 표현이야."

"그 말 들었을 때, 그 사람 기분이 어떨지 생각해 봤어?"

성교육을 잘 받은 아이의 구체적인 모습을 상상해 봅니다. 눈으로 확인할 수 있는 가장 분명한 모습은 존중의 언어를 쓰는 것입니다. 그가 쓰는 존중의 말은 듣는 사람에게 힘과 용기를 줄 수 있습니다. 그는 곁에 있는 사람을 존중하고 타인을 인격적인 존재로 사랑할 것입니다.

성교육은 태어나는 처음 순간부터 아이에게 '존중의 언어'로 전해져야 합니다. 그러므로 부모가 가정에서 아이에게 하는 모든 일상의 말은 성교육의 가장 중요한 핵심이자 정수입니다.

Solution5.
성폭력에 관해 이야기할 것들

●

남성도 성폭력 피해자가 될 수 있다는 사실 알리기

아이들에게 성폭력에 관한 이야기를 건넬 때는 단어 하나, 표현 하나에도 주의를 세심하게 기울여주세요. 아동 성폭력의 피해를 다룬 동화책을 보면 피해 아동의 성별을 '여자아이'로 상정한 경우가 많습니다. 그러나 아동 성폭력의 피해는 여성만 입지 않습니다. 남성이 피해자인 경우도 있습니다. 동화책에서도, 부모에게서도 성폭력의 피해는 여성만 입는다는 메시지를 전달받으면 피해자인 남성은 자신이 경험한 피해를 폭력으로 인식하고 표현할 수 있는 언어를 가지지 못합니다.

남성은 강해야 한다는 '남성다움'의 통념은 남성 피해자로 하여금 침묵하게 합니다. 동화책에 피해자로 표현된 아이가 여자아이라면 덧붙여 주세요. 여성이든 남성이든 폭력의 피해는 누구라도 겪을 수 있는 일이며, 폭력의 피해는 도움을 요청해야 하는 일이라는 것을요.

●

여성도 성폭력 가해자가 될 수 있다고 알리기

초등학교 여선생님이 들려준 이야기입니다. 모든 수업을 마치고 교무실로 가던 길이었는데 한 교실에서 아이들이 모여서 웅성거리고 있더랍니다. 들여다보니 한 아이가 책상 위에서 바지를 벗은 채 춤을 추고 있었습니다. 교무실에 가서 선생님들에게 이 사실을 전하면서 어떻게 지도해야 할지 고민된다고 의견을 구했대요. 그런데 몇몇의 여선생님들이 "요즘 애들이 그렇게 논다", "○○선생님 눈 호강해서 좋았겠네" 하면서 대수롭지 않게 넘기더랍니다. 문제를 제기한 자신이 예민한 사람이 된 것 같은 자괴감이 들었다고 해요. 선생님들의 표현이 폭력적으로 느껴지기까지 했다고 합니다.

성차별적인 사회에서 성폭력의 가해자 대부분이 남성이라는 통계는 분명한 현실입니다. 그러나 성폭력의 범위를 섬세하게 넓혀보면 여성도 성폭력의 잠재적 가해자가 될 수 있습니다.

성적인 모욕감을 주는 표현, 성폭력의 피해자를 비난하는 통념의 말, 타인의 성적인 사생활을 두고 나누는 뒷말도 성폭력에 포함되는 일들이자 우리 주변에서 흔히 일어나는 성폭력 2차 가해의 내용이기도 합니다.

여자아이들의 또래 문화 안에서도 마찬가지입니다. 성폭력을 이야기할 때 여성을 피해자로만 설정하면 자신의 행동과 말을 성찰할 기회를 얻지 못합니다. 여성들도 어렸을 때부터 다양한 관계 안에서 폭력의 가해자가 될 수 있다는 사실을 세심한 사례들을 통해 전해주세요. 여성인 엄마가 어른으로서 먼저 성찰하는 모습을 보여주는 것도 매우 중요합니다.

●

폭력의 피해를 입었을 때 이겨낼 힘을 미리 보여주기

상처 입은 아이를 지켜봐야 하는 것은 고통스러운 일입니다. 부모로서 내 아이만은 또래 관계에서 상처받지 않고, 소외되지 않기를 바라는 마음은 간절할 겁니다. 아이가 처음 걸음마를 배울 때를 떠올려 보세요. 자기 다리의 힘으로 흔들거리면서 걷는 연습을 하던 아이가 넘어지면 곁에 있는 부모의 얼굴부터 살펴봅니다. 부모가 놀라서 달려가면 아이는 울음을 터트립니다. 그러나 평온한 얼굴로 괜찮다는 메시지를 주면 아이는 바닥을 짚고 일어나서 다시 걷습니다.

아이들은 자신에게 일어나는 일을 어떻게 받아들일지 부모의 얼굴을 보고 결정합니다. 중요한 것은 부모가 아이들에게 일어나는 모든 사건을 해결해 줄 수는 없다는 것입니다. 다만 어떻게든 아이가 자기 삶에서 일어나는 일들을 스스로 잘 겪어 나올 수 있도록 힘을 키워줄 수는 있습니다. 폭력의 피해를 입었을 때 자기 비난에 빠지지 않고 도움을 요청할 힘을 키우는 것, 또래 관계에서 소외되는 일을 겪을 때도 자기 자신을 아끼고 존중하는 힘을 갖게 하는 것이 부모가 해야 할 일입니다.

그렇다면 부모는 어떻게 해야 할까요? 부모가 삶에서 실천할 수 없는 일은 아이에게도 강요할 수 없습니다. 아이들은 부모의 모습을 보고 그대로 배웁니다. 우리 부모는 실패를 겪었을 때 어떻게 대처하는지, 스트레스 상황에 부닥쳤을 때 자신을 어떻게 대하는지, 힘든 일이 생겼을 때 어떻게 이겨내고 무엇을 배우는지를 지켜봅니다.

아이가 폭력의 피해를 입었을 때 의연한 태도를 보여주세요. 개입이 필요할 때는 누구보다도 단호하게 대처하세요. 아이를 탓하는 말 대신 아이에게 괜찮다는 메시지를 전해주세요. 삶의 어느 시기에 일어난 나쁜 사건은 누구에게라도 일어날 수 있다는 것, 평생 지속되는 것이 아니라는 것, 잘 이겨낼 수 있다는 것, 나쁜 사건을 단단하게 이겨낸 사람은 더 강해진다는 것을 삶으로, 말로 아이에게 보여주세요. 용기는 이렇게 전해질 수 있습니다.

●

도움을 구하는 일에도 필요한 용기

필요할 때 도움을 구하는 일은 부끄러운 일이 아닙니다. 자신의 나약함을 드러내는 일도 아닙니다. 누군가에게 도움을 요청하는 일은 자신을 존중하는 구체적인 방법입니다.

하지만 자신에게 무엇이 필요한지 알고, 도움을 줄 수 있는 사람에게 부탁하는 일에는 용기가 필요합니다. 아버지는 자녀에게 항상 강인한 모습을 보여야 한다고 생각합니다. 힘든 일이 있어도 속으로 삭이기만 하지요. 어머니는 아무리 피곤해도 직장일, 집안일 모두를 자신의 손으로 완벽하게 해야 한다고 여깁니다.

지치고 힘든 날, 쉴 시간이 필요할 때, 자녀들의 도움이 필요하다고 먼저 부탁해 보세요. 곁에 있는 사람에게 도움을 구하는 일은 나약함을 인정하거나 부끄러운 일이 아니라 자신을 위해 스스로 선택할 수 있는 용기 있는 일이라는 것. 아이들은 자연스럽게 배우게 될 것입니다.

●

친구를 도울 방법 알려주기

10대 청소년들이 어려움에 부닥쳤을 때 제일 먼저 친구를 찾는 일이 흔합니다. 어른에게 말 못 하는 고민을 친구에게는 털어놓는 것이지요. 내 아이가 누군가의 친구로 걱정을 들어주기만 할 것이 아니라 구체적인 도움을 줄 수 있도록 가정에서부터 알려주세요. 성폭력의 피해를 본 친구가 있다면 주변 어른에게 도움을 요청해야 한다는 사실을 꼭 전하고 설득해야 한다고 일러주세요. 성폭력 상담센터를 통해 상담받을 수 있다는 정보도 중요합니다.

참고 링크

- 한국양성평등교육진흥원 젠더온(genderon.kigepe.or.kr)
  - 사진 공유, 진짜 괜찮아?
  - 단톡방 피해자로 내가 느낀 것
  - 찾아가는 디지털성범죄예방교육/애니메이션
  - 불법 촬영물이요? 그냥 조용히 혼자 봤어요
  - 불법 촬영물, 그냥 '호기심'에 검색했나요?
  - [찾아가는 디지털 성범죄 예방교육 웹툰] ep.1 홧김에 불법유포?
  - 10대를 양육하는 분들께, 디지털 성폭력 예방을 위한 다섯 가지 제안(상)(하)

06   아이들의 질문에 답하다

_____

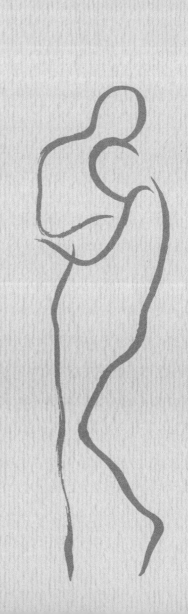

Q1.

뮤직비디오를 봤는데 성기가 단단해졌어요

사춘기 즈음이 되면 남자아이들은 잦은 발기를 경험합니다. 수염이 나고 목소리가 변하고 얼굴에 여드름이 나듯이, 성기가 발기되는 현상도 자연스러운 성장 과정의 하나입니다. 아이의 음경도 자랍니다. 아침에 일어나면 단단해져 있고요. 아이들과 장난치다가도, 졸릴 때도, 심심해서 만지작거릴 때도 단단해집니다. 음경은 평상시에는 말랑한 해면체입니다. 흥분이나 자극이 있으면 피가 음경에 몰리면서 단단하게 되지요.

구구절절 설명할 필요 없이 우리 자녀가 잘 자라고 있다는 의미라고 말해줘도 충분합니다. 사춘기 때 아이들은 자기 몸의 변화에 무척 당황하고 불안해합니다. 어른이 아무 문제없다고 말해주면 아이는 안심할 수 있습니다. 자기 몸의 변화를 자연스럽게 받아들일 때 몸에 대한 긍정적인 태도가 생깁니다. 사춘기는 자기 몸에 대한 새로운 인식을 갖추는 시기입니다. 어른의 말이 새로운 인식의 중요한 바탕이 된다는 것 꼭 기억하세요.

Q2.

게임을 하는데 신음이 들려요

"게임을 하는데 신음이 들려요. 어디서 나오는 소리예요?"

"어디 볼까? 여기서 신음이 나오는구나. 어떤 생각이 들어?"

"그냥 들으면 안 되는 소리일 거 같아요. 기분이 좀 이상해져요."

"음, 우리가 어떨 때 신음을 내지?"

"아플 때요."

"맞아, 얼마 전에 ○○이 열날 때 아파서 신음을 냈지."

신음은 사람이 다양한 상황과 맥락에서 낼 수 있는 소리입니다. 먼저 아이에게 신음에 대한 생각과 느낌을 물어봅니다. 사랑하는 사람이 성관계할 때도 신음을 낸다고 말해줍니다. 보통의 사람들은 성관계 중의 신음을 다른 사람이 듣지 않게 배려하지요. 사랑하는 사람이 나누는 성관계는 둘만의 비밀이기 때문에 다른 사람에게 보이지 않게 하고 들리지 않게 하는 것이 중요한 예의라고 전해 주세요.

　게임에 삽입된 신음은 성관계 중 내는 소리를 흉내 낸 소리일 가능성이 높습니다. 게임에서 신음을 음향처럼 쓰는 목적이 무엇일까요? 성적인 호기심을 자극하기 위해서입니다. 더 많은 사람이 게임을 하게 하려고 폭력적인 방식을 차용한 것입니다. 게임을 하는 사람 중에는 이 신음을 불편하게 느끼는 사람도 있습니다. 당연한 반응입니다. 이런 불편함을 표현하고 변화를 요구하는 것이 용기 있는 일이라는 것을 아이에게 말해주세요.

친구가 음경이 작다고 놀렸어요

다른 사람의 신체를 놀림거리로 만드는 것은 폭력이라고 말해 주세요. 음경의 크기는 사람의 키만큼이나 모두 다릅니다. 크다고 좋은 것도 아니고, 작다고 부끄러워할 일도 아닙니다. "친구가 음경이 작다고 놀렸어요"는 강의 중에서 만난 어느 부모님이 아들한테 실제 들은 말입니다. 뭐라고 대답해 주었는지 물었더니 이렇게 아이를 위로해 줬다고 합니다.

> "속상했겠구나, 음경도 키 크듯이 자라는 거야. 그러니 너도 밥 잘 먹고 운동 잘하면 돼. 그러면 음경도 커질 거야. 걱정할 필요 없어."

어떤가요? 좋은 대답인가요? 아이가 느낀 감정에 대해 공감을 하긴 했습니다. 그런데 생각해 보세요. 이 공감은 아이가 당한 부당한 폭력에 대한 공감일까요? 작은 음경을 가진 아이의 마음에 대한 공감일까요? 이 대답에는 '음경은 클수록 좋다'는 부모의 인식이 전제되어 있습니다. 아이에게 밥 잘 먹고 운동하면 음경도 자라니까 걱정하지 말라는 말을 통해서요. 크기는 사람마다 다 다르고, 좋다 나쁘다는 기준은 없다는 것을 전달하는 게 중요합니다. 신체를 두고 놀리는 행위가 폭력임을 알려주는 것만큼이나 중요한 메시지입니다.

Q4.

음경이 부러지기도 하나요?

팽팽하게 부풀어 있는 풍선이 자극에 의해 터지듯 단단하게 발기된 성기에 갑작스러운 자극을 가할 때 부러지는 느낌을 받을 수 있습니다. 의학적으로는 '음경 골절'이라고 부르는데요. 음경에는 뼈가 없기 때문에 부러진다는 표현은 정확하지 않은 것 같습니다. 발기된 음경을 급하게 숨기려다가 꺾이는 경우도 있고, 과격하게 장난치다가 세게 부딪쳐서 생길 수도 있습니다. 사춘기 이후의 청소년들이 많이 겪는 일이라고 하네요. 굉장히 아프다고 합니다. 병원을 찾아가서 처치를 받는 게 필요합니다.

발기된 상태로 몇 시간 이상 지속하는 상황을 '발기지속증'이라고 부르는데요. 역시 병원에 찾아가야 합니다. 성기와 관련된 증상이 있을 때 대부분 부끄러움 때문에 숨기다가 증상을 악화시키는 경우가 많다고 합니다. 부모님이 이런 증상을 미리 알고 자연스럽게 알려준다면 아이들이 제때 도움을 요청할 수 있을 것입니다.

Q5.

가슴이 크다고 놀리는 친구들이 있어서
체육 시간이 두려워요

여자아이들이 자주 말하는 고민입니다. 사춘기에는 몸의 변화가 아주 다양하게 나타나지요. 아이들은 자신과 다른 몸을 놀림의 대상으로 삼기도 합니다. 2차 성징이 빨리 시작된 여성들은 비슷한 경험을 이야기합니다. 또래보다 빨리 나온 가슴이 부끄러워서 어깨를 움츠리고 다녔다던가, 체육 시간에 달리기할 때 흔들거리는 가슴 때문에 놀림을 받아서 속상했다든가 하는 경험 말이에요.

사람의 몸의 특징을 잡아내서 놀리는 일은 '폭력'이라는 경계 존중 교육의 필요성이 절실합니다. 우리 사회 전반에 퍼져 있는 여성 몸에 대한 혐오 문화도 반드시 사라져야 합니다. 동시에 아이들에게 자기 신체를 놀리는 일에 용기 있게 대응하라는 말도 꼭 전해야 한다고 생각합니다.

"너 가슴 되게 크다."

"남의 신체에 대해서 그렇게 말하는 거 불쾌해."

"너 달리기할 때 가슴이 막 흔들거렸어."

"달리기할 때 몸이 흔들거리는 거 당연한 거 아니야? 그렇게 놀리는 거 폭력이라는 것 알고 있니?"

놀리는 친구에게 자기의 감정을 표현하고 당당하게 맞서는 것은 쉬운 일은 아닙니다. 용기를 내야 가능한 일이지요. 하기 어려운 표현을 하는 것, 남의 잘못을 정확하게 지적하고 사과를 요구하는 것은 연습이 필요합니다. 작은 용기를 내는 경험이 쌓여갈 때 자신을 힘들게 하는 많은 어려운 일을 헤쳐나갈 수 있는 용기 근육이 튼튼하게 키워집니다.

친구의 기분을 배려해서 참지 마세요. 모른 척 넘어가지도 마세요. 자책하지도 마세요. 나를 불편하게 만든 친구에게 지금 느끼는 감정을 전하세요. 곁에 있는 다른 친구들도 함께 용기를 내게 될 거예요. 이런 용기들이 모여야 다른 사람의 신체를 가지고 놀리는 일이 폭력이라는 인식이 확산됩니다. 변화는 한 사람의 용기 있는 실천에서 시작된다는 것. 기억해주세요.

Q6.

월경하기 전에 가슴이 아파요

월경하기 전에는 다양한 증상들이 있을 수 있어요. '월경 전 증후군'이라고 부르는데요. 월경을 시작하기 전 여성 호르몬인 에스트로젠과 프로게스테론이 증가하면서 이 호르몬들이 몸에 수분을 잡아두기도 하고 가슴의 모세혈관을 팽창시키기도 합니다. 그래서 손발이 붓거나 평소보다 몸무게가 더 나가기도 하고 가슴 주변이 당기듯 아프기도 합니다.

월경 전에는 몸의 변화만큼 감정의 기복도 심해져요. 달콤한 것들이 먹고 싶어진다거나 피곤해지고 이유 없이 우울해지기도 합니다. 아무것도 하기 싫어지기도 하고요. 사람마다 다양한 증상을 겪습니다. 나만 그런 게 아니라 월경을 하는 여성들 대부분이 겪는 일이라는 것을 알면 조금 안심이 될 거예요.

월경 전에 내 몸과 마음이 어떤가를 잘 살펴보면 좋겠어요. 조금은 너그럽게 자신을 봐주고요. 따뜻한 곳에 편안하게 누워있거나 따뜻한 물에 몸을 담그고 있어도 좋습니다. 달콤한 초콜릿이나 좋아하는 간식을 먹으면서 자신의 몸을 달래주세요. 몸을 느슨하게 해주는 속옷을 입는다던가, 브래지어를 벗고 헐렁한 티셔츠를 입는 것도 도움이 됩니다. 자신의 몸을 편안하게 해주는 다양한 돌봄의 방법들을 찾아가면 좋겠어요.

Q7.

성기에서 냄새가 나는데 괜찮은 건가요?

성기에서 냄새가 나는 것은 아주 자연스러운 현상입니다. 어린아이들은 공연히 팬티 속에 손을 넣어 성기를 만지고 그 냄새를 맡아보기도 합니다. 남성의 음경은 포피 안에 오줌 찌꺼기와 땀이 쌓이면서 냄새를 풍길 수 있습니다. 씻을 때 포피를 뒤집어 꼼꼼히 잘 씻어주면 됩니다. 여성은 대음순과 소음순 사이에 하얀 것이 끼기도 하지요. 사춘기 이후에는 냉이라는 질 분비물이 나옵니다. 우윳빛이기도 하고 노란색이기도 합니다.

건강한 여성은 에스트로겐이라는 호르몬의 영향을 받아 누구라도 매일 질에서 냉이 나옵니다. 이 분비물은 질을 청소해주기도 하고 외부에서 침범하는 균으로부터 우리 몸을 보호해주는 역할을 합니다. 질은 산성 환경을 유지해야 건강한 상태입니다. 그래서 냉에서는 시큼한 냄새가 나는데 이 역시 자연스러운 냄새입니다. 냉이 나오는 것은 청결하지 않다는 뜻이 아니라 건강하다는 의미입니다. 질 주변을 씻을 때는 좋은 균이 죽지 않도록 물로만 살살 씻어주는 게 중요합니다. 질 내부까지 손을 넣어 씻는 것은 오히려 질 건강을 해치는 일입니다.

우리에게는 팬티에 무엇이 묻는다는 것을 불결하게 생각하는 문화가 있습니다. 어릴 때 팬티를 벗어 두면 엄마가 빨래할 때마다 인상을 쓰셨어요. 더럽다고 좀 자주 씻으라는 잔소리도 하셨고요. 그럴 때마다 창피했습니다. 나를 비난하는 소리로 여겨졌거든요. 우리는 그런 실수를 하지 말았으면 좋겠습니다. 그래야만 아이가 성기에 문제가 생겼을 때 부모에게 편하게 말할 수 있게 됩니다. 심하게 가렵거나 따가울 때, 심한 냄새가 날 때는 병원에 가봐야 합니다.

건강할 때의 성기 상태를 잘 알고 있어야만 문제가 생겼을 때도 잘 알아차리고 도움을 요청할 수 있게 됩니다. 아이의 성기에 대해서, 성기 건강에 대해서 자유롭게 말할 수 있는 분위기를 만들어 주고 사용할 수 있는 언어의 폭을 넓혀 주세요. 부모가 먼저 성기와 관련한 표현을 일상에서 자주 사용해 주시면 됩니다.

잦은 발기 때문에 오해받는 것이 싫어요

남자 중학생에게 자주 듣는 고민 중 하나가 잦은 발기 때문에 자신이 '변태'라는 오해를 받고 있다는 것입니다. 발기는 성적인 자극을 받아 흥분하면 음경에 피가 몰리면서 크기가 커지고 단단해지는 현상을 말합니다. 어떤 상황에서 성적인 흥분을 하는지는 개인마다 다릅니다. 성적인 흥분을 느끼는 것은 너무나 자연스러운 거예요. 음경이 발기되는 것 또한 지극히 당연한 몸의 현상일 뿐입니다.

발기는 성적인 흥분에 의한 현상이기도 하지만 일상의 아주 다양한 상황에서 일어납니다. 이것을 '자연발기'라고 부릅니다. 소변을 보고 싶을 때, 발표하려고 교탁 앞에 서 있을 때, 책상에 엎드려 자다가 일어났을 때, 친구들과 몸을 부딪치며 놀 때 등 어떤 상황에서 발기될지 딱 꼬집어 말할 수 없을 정도로 다양하게 일어납니다. 남성들의 신체적인 현상일 뿐입니다.

발기되었다는 것이 반드시 성적으로 흥분되었다는 것을 의미하는 게 아니라는 것을 알아야 합니다. 교실에서 체육복이나 얇은 바지를 입고 있는 상태에서 발기가 되어 여학생들이 키득거리며 웃어서 창피한 적이 있다는 남학생들이 많습니다. 남자들의 발기를 성적인 흥분과 연관 지어서 생각하는 잘못된 상식에서 나온 경우입니다.

저도 여학생이 남학생의 발기된 성기를 보고 '변태 같다'고 표현하는 것을 많이 접했는데요. 남학생이 여성의 월경을 정확하게 알 수 있도록 교육하는 것과 마찬가지로 여학생에게도 남성의 성기와 발기 등 몸의 차이에 관해 다양한 형식의 교육을 제공해야 합니다. 내 아이의 성별이 무엇이든 남성과 여성 모두의 몸에 대한 지식을 자연스럽게 전달하시기 바랍니다.

언제 몽정할지 모르니까 불안해요

6학년 남학생들과 몽정을 주제로 이야기를 나누던 중이었습니다. 한 학생이 오줌을 싼 듯 팬티가 젖으면 창피할 테니까 기저귀를 차고 자면 괜찮지 않겠냐고 물었습니다. 아이들의 궁금증은 이토록 다양하지요.

한 번에 배출되는 정액의 양은 엄지손가락 한마디 정도밖에 안 됩니다. 팬티에 살짝 묻을 만큼이지 오줌을 싼 것처럼 이불까지 푹 젖을 정도는 아니니 기저귀를 차고 잘 것까지는 없다고 대답해 주었습니다. 또 몽정했다면 팬티를 잘 갈아입으라고 덧붙였습니다. 몽정을 이야기하다 보면 질문들이 줄줄이 이어집니다. 주로 '정액'에 대한 궁금증들입니다.

"정액에는 어떤 냄새가 나요?"

"밤꽃 필 때 냄새 맡아본 적이 있니? 그 냄새랑 비슷하단다."

"맡아본 적 없는데요?"

"그럼, 기다려 봐, 곧 맡아보게 될 날이 올 거야."

  사춘기 몸의 변화나 성 지식 또한 성교육의 내용으로 잘 다뤄져야 합니다. 특히 정답이 있는 질문들에 대해서는 부모와 아이가 머리를 맞대고 나눌 수 있어야 하지요. 인터넷에 떠도는 검증되지 않은 정보들이 성 지식의 전부가 되지 않도록 부모가 먼저 공부해 주세요. 청소년을 대상으로 쓰인 성 지식이 담긴 '성교육 책'을 부모가 먼저 읽고 아이에게 건네주면 좋습니다. 궁금하면 아이가 책을 펴볼 수도 있고 책을 건네준 부모를 믿고 직접 질문을 건네올 수도 있겠지요.

Q10.
여자는 정액을 무슨 맛으로 먹는 거예요?

"여자는 정액을 무슨 맛으로 먹는 거예요?" 어느 초등학교 6학년 아이의 질문입니다. 특강을 가면 늘 아이들에게 궁금한 것을 물어 보라고 합니다. 외부 강사이므로 아이들도 거리낌 없이 질문합니다. 포르노를 보았던 걸까요? 포르노에는 정액을 먹는 장면이 자주 등장하니까 아이로서는 궁금했을 수도 있고 강사가 당황하는지 보고 싶은 마음도 있었을 거예요. 이럴 때는 대범하게 대답해 줍니다.

"안 먹어봐서 모르겠는데, 이론에 의하면 사람마다 정액의 맛도 다 다르다던데? 정 궁금하면, 네 정액을 한번 먹어보렴."

"웩!"

"네 것을 먹어보라는 말을 듣기만 해도 싫지? 그럼 지금 이 말을 듣고 있는 친구들도 싫은 마음이 들 수도 있을 거야. 네가 봤을 수도 있는 영상에 나오는 장면들은 연출

된 장면들이야. 사람들의 실제 성관계 모습과는 다르게 폭력적인 장면들이 많아."

부모는 성에 관한 한 열린 태도를 가지고 있는 것이 중요합니다. 아이들의 성문화는 어른 세대보다 앞서 있을 가능성이 큽니다. 가끔 어른의 시각에서 이해되지 않는 부분들도 있지요. 아이들의 문화도 마음으로 들어주는 자세가 필요합니다. 걱정되는 부분이 있다면 솔직한 마음으로 전달해 보세요. 아이 역시 부모의 마음을 잘 들어줄 겁니다.

Q11.

여자는 자위를 하나요?

자위는 누구라도 할 수 있는 일입니다. 자기 몸을 만지고 기분 좋은 느낌이 드는 것은 나쁜 일이 아닙니다. 그러나 남성의 자위에 비해서 여성의 자위는 숨겨져 있습니다. 여성의 자위는 부정적인 것으로 보는 문화 때문에 여성 스스로가 자위하는 일을 부끄러워합니다. 하더라도 남에게는 이야기하지 않는 경우가 많지요. 어른들도 아들의 자위를 목격했을 때와 딸의 자위를 목격했을 때의 반응이 다릅니다. 딸의 자위를 더 걱정스럽게 보는 것이지요. 아이가 여자도 자위하는지, 어떻게 하는지 물어오면 담백하게 말해주세요.

"여자도 자위해. 사람마다 다르지. 자주 하는 사람도 있고 아주 가끔 하는 사람도 있고 아예 하지 않는 사람도 있어. 모두가 그 사람에게는 자연스러운 일이야. 남이 옳다 그르다 평가할 일이 아니야. 여자는 외음부를 만지거나, 자기 가슴이나 몸의 다양한 부위를 부드럽게 쓰다듬을 때 기분이 좋아져. 그걸 자위라고 부를 수 있어. 특히 음핵 주변을 손으로 문지르면 음핵이 자극을 받으면서 커지기도 하는데 이때 굉장히 좋은 느낌이 오기도 해. 자기에게 맞는 방법으로 몸을 탐색하는 거야."

자신의 몸을 만지는 데 수치심을 느끼지 않는 아이는 자라서 사랑을 표현하고 성적인 즐거움을 찾는데 자유로울 수 있습니다. 자신의 몸을 자신이 소중하게 다뤄본 경험이 기준이 되는 것이지요. 자위에 대해서 말할 때 부모는 자위에 대한 부정적인 인식부터 반드시 점검하고 성찰해 주세요.

Q12.

여자도 사정을 하나요?

제가 아이들 교육에 가서 많이 받는 질문 중 하나입니다. 사정이라는 단어 자체가 일단 남성 중심적인 용어지요. 정액을 배출한다는 의미니까요. 여성이 성관계 중에 흥분하면 배출하는 현상에 대한 용어 자체가 없습니다. 이것은 여성의 성적 쾌락의 주제나 중요한 의제로 다뤄지지 않는다는 증거이기도 하고요. 일단 새로운 단어가 없으니 '사정'이라고 표현해 봅시다.

여성도 사정을 합니다. 경험해 보지 못한 여성들이 훨씬 많을 겁니다. 여성의 음핵과 요도는 가까이 있습니다. 여성이 성적인 자극을 받아 절정에 오르면 요도 입구에서 투명하거나 우윳빛을 띠는 액체가 분출됩니다. 요도 아래 분비샘인 스킨샘에서 배출된다고 합니다. 양이 많다는 여성도 있고 조금 나온다는 여성도 있습니다. 액체의 성분이 무엇인지도 정확하게 밝혀지지 않았다고 합니다. 오줌 같은 맑은 액체일 경우가 있는데, 오줌 성분은 분명히 아니며 무색, 무취, 무향이라고 합니다. 하얀 시트에 오줌은 마르면 흔적을 남기

지만 이 액체는 말라도 흔적이 생기지 않는다고 합니다.•

　개인의 차이가 있는 부분이지요. 얼마나 많은 여성이 경험하는
지에 대한 객관적인 통계 자료는 없지만 분명한 사실이기는 합니
다. 아이가 궁금해한다면 의학적 지식 정도의 수준에서 담백하게
대답해 주시면 좋겠습니다. 아이의 성적인 질문을 '성적'으로 받아
들이지 않고 아이의 지적 호기심 수준에서 받아들여 주세요. 궁금
한 것은 어른에게 물어볼 수 있고 답을 얻을 수 있어야 아이는 성
장합니다.

• 《질의 응답》 니나 브로크만, 엘렌 스퇴켄 달 공저, 김명남 옮김, 열린책들, 2019

Q13.

섹스는 어떤 공간에서 할 수 있나요?

청소년들은 어디에서 섹스할까요? 유럽의 아이들은 첫 경험을 자신의 집에서 하는 경우가 많다고 하지요. 그러나 대한민국의 아이들이 안전하게 섹스할 공간은 거의 없다고 볼 수 있습니다. 아이들에게 물어보면 공원의 어둑한 구석, 사람이 드물게 다니는 공중화장실, 도서관의 계단, 지하 주차장, 아무도 없는 새벽의 교실, 룸 카페, 노래방 등에서 성관계를 한다고 합니다. 아이들의 성적 주체성을 존중한다는 것은 아이들이 섹스 결정권을 스스로 가지고 있다는 것을 존중하는 것과 같습니다. 아이들도 성적 주체성을 가지고 있다는 것을 이론으로만 인정해서는 안 됩니다. 아이들도 섹스할 수 있다는 사실, 하고 있다는 사실까지 존중해야 합니다.

"누구의 위협도 받지 않고, 들키면 어떻게 하지 싶은 두려움도 느끼지 않는 공간에서 섹스해야 서로에게 몰입할 수 있겠지? 서로의 몸을 안전하게 안을 수 있을 때 섹스

도 즐거울 수 있는 거야. 그런 안전한 공간을 찾기 어렵
다면 섹스를 뒤로 미룰 줄 아는 것도 네가 할 수 있는 용
기 있는 선택이라고 생각해."

아이들에게 어떤 장소에서든 네가 원하는 곳에서 해도 된다는 메
시지를 주는 것은 아닙니다. 어른이라면 적어도 섹스를 해도 될 안
전한 공간의 중요성에 관해서 이야기해야 합니다. 타인의 시선으로
부터 안전함을 느낄 수 있는 공간, 서로가 함께 껴안고 있어도 두려
움이 느껴지지 않는 공간에서 섹스하는 것이 서로에게 충분히 몰
입할 수 있으므로 좋다고 말해줍니다. 그런 안전한 공간을 찾을 수
없다면, 당분간은 섹스를 뒤로 미루는 것도 좋은 선택일 수 있다는
메시지도 함께 전합니다.

Q14.

엄마는 순결을 어떻게 생각해요?

저는 고등학교 3학년 때 첫 키스를 했습니다. 키스하기 전에는 설렜으나 실제 키스를 하니 두려움이 엄습해 왔어요. 그때 저는 순결을 잃었다고 생각했답니다. 지금 돌아보면 참 무지했던 시절이었구나 싶은데 당시의 저에게는 너무 큰 무게로 다가온 고민이었어요.

순결을 잃은 여성도 잘살고 있다는 걸 확인하고 싶어서 책도 찾아보고 드라마도 챙겨봤는데 어디서도 내가 원하는 답을 찾을 수가 없었어요. 제가 찾고 싶었던 답은 '키스해도 된다', '키스를 해도 여전히 순결하다'는 것이었어요. 내면화된 순결의식을 바꿀 수 있었던 것은 대학교 들어가서 배우게 된 여성주의 덕분이었지요.

아이와 순결에 관해서 이야기 나눌 기회가 있었습니다. 보건 시간에 여성의 처녀막에 관한 이야기를 듣고 와서는 정말 처녀막이 훼손되면 순결한 여성이 아닌 거냐고 아이가 궁금해하더라고요. 그때 딸과 함께한 대화의 내용을 그대로 전합니다. 아이들의 이 질문에 좋은 예시가 된다면 좋겠습니다.

"여성의 질에 남성의 성기가 들어가서 처녀막이 훼손된다는 것은 잘못된 말이래. 질 입구는 촘촘한 질근육으로 주름 잡혀 있고 사람마다 다 다른 모양이야. 운동을 심하게 하거나 자전거를 타다가 질주름에 상처가 날 수도 있고, 성기가 삽입되더라도 질주름에 상처가 생기지 않는 경우도 많아. 질주름을 처녀막이라고 부르는 것도 잘못된 용어고 정확하게 고쳐 부르는 게 필요해. 더 중요한 것은 처녀막의 상처 여부로 순결함을 따지는 폭력적인 생각을 변화시켜야 한다는 점이야. 여성의 성관계를 부정적인 것으로 보고 성관계 여부를 통해 순결한 여성과 그렇지 않은 여성으로 나누는 것은 여성의 성적 주체성을 부정하는 폭력적인 담론이란다. 이런 폭력적인 통념들을 그대로 받아들이지 않았으면 해."

"그럼, 엄마가 생각하는 순결한 것은 어떤 거야?"

"자, 너에게는 성적인 욕망이 있어. 어느 날 누군가와 성적인 관계를 맺고 싶어지는 거야. 그때, 네 욕망을 솔직하게 들여다보고 상대에게 동의를 구하는 거지. 상대도 너와 같은 마음이라는 것을 알고 둘이 성적인 관계를 맺는 거야. 성적인 관계에서 너와 상대 모두 두려움을 느끼지도 않았고, 좋은 감정들을 느꼈고, 둘이 나눈 관계에 책임까지 함께 나누기로 했어. 피임 방법도 서로 의논해서 잘 실천했고, 서로가 폭력이라고 느낄만한 것은 아무것도 없었어. 이렇게 자신과 상대의 몸과 마음을 존중하는 성관계를 맺는 것이 중요하지. 성관계를 주체적인 의지로 선택해 나간다면 얼마나 많이 하든, 자주 하든 그것은 개인의 선택으로 존중해야 해. 우리 사회에는 여전히 여성의 성적 주체성을 존중하지 않는 문화가 있어서 여성의 성을 억압하고 있지만 이런 사회를 비판적으로 해석할 수 있는 마음의 힘을 길러갔으면 좋겠구나."

Q15.

오르가슴은 어떤 느낌이에요?

오르가슴은 여러 조건이 잘 맞아야 느낄 수 있지요. 많은 여성이 성관계에서 오르가슴을 연기하고 있다는 사실은 다양한 연구물에서 확인할 수 있습니다. 자위해 본 아이들은 오르가슴이 어떤 느낌으로 오는지 알 수 있을 거예요. 성적인 영상 콘텐츠를 접해 본 아이들은 자기 나름의 상상력을 발휘해서 짐작하고 있을 수도 있습니다.

오르가슴은 자위 혹은 상대와 함께 나누는 성적인 행위에서 느끼는 몸과 마음의 쾌감이라고 말할 수 있습니다. 사람마다 표현하는 게 다를 정도로 다양하게 경험되는 성적 쾌감입니다. 아이가 부모에게 질문하기 어려운 주제이기도 하고, 부모가 명쾌하게 대답하기 어려운 질문이기도 합니다.

저는 큰아이와 이 주제를 가지고 이야기를 나눌 기회가 있었어요. 아이가 먼저 묻지도 않았는데 오르가슴에 관해서 이야기할 좋은 타이밍이 있어서 먼저 말을 건넸답니다. 아이와 단둘이 발리 여

행을 갔을 때입니다. 나란히 누워 아로마오일 마사지를 받고 나오
던 길이었습니다. 아늑한 공간에서 편안하게 누워 다정하게 몸을
문질러주는 손길을 즐겼습니다. 몸이 부드럽게 풀렸고 마음에는 충
만함이 가득 찼습니다. 마사지해주신 분이 제 몸을 세심하고 조심
스럽게 대해 준다는 느낌을 온몸으로 받았으니까요. 그 손길을 받
으니까 제가 참 소중한 존재라는 생각까지 들었습니다. 딸이랑 숙
소로 걸어서 가는 길에 아이에게 꼭 전해주고 싶었어요. 아이가 앞
으로 하게 될 성 경험에 대한 느낌에 대해서 말입니다.

> "마사지 받았을 때 기분이 정말 좋았지? 이 느낌을 꼭 몸
> 으로 기억해두면 좋겠어. 누군가가 나를 세심하고 다정
> 하게 만져줄 때 느끼던 편안함과 기분 좋은 피부의 촉감,
> 존중받는다는 마음의 충만함까지 잘 새겨 둬. 앞으로 네
> 가 누구와 성관계를 맺게 될 때 그 관계에서 이런 느낌
> 을 받을 수 있어야 해. '상대가 나를 존중하고 있구나' 하
> 는 손길이 느껴지지 않을 때, 상대가 자기만의 욕구만 충
> 족시키려고 할 때, 나의 성적인 기쁨이 전혀 느껴지지 않
> 을 때, 나쁜 느낌이 더 클 때, 그때는 과감하게 털고 일어

날 수 있어야 해. 옷을 다 벗고 있는 상태라도 더는 진행하지 말고 일어나 옷을 입어. 그런 성관계는 안전하지 않으니까 말이야. 상대가 나를 아껴주고 존중해주는 마음이 있다면 나를 쓰다듬어 주는 손길부터 달라. 그걸 잘 알아 두렴."

Q16.

성에 대한 고민이 있을 때 어떻게 해야 하나요?

"성과 관련해서 궁금한 게 있으면 질문해 주세요."

"지금은 없는데 만약에 앞으로 궁금한 게 생기면 어디에 물어봐요?"

성교육 강의에서 이런 질문이 나오면 저는 이렇게 대답합니다.

"성에 대한 궁금한 것이 생기면 주변을 먼저 둘러보세요. 편안하게 말할 수 있는 사람이 누구인지 생각해 보세요. 부모님일 수도 있고 선생님일 수도 있고 아니면 친척이나 이웃의 어른일 수도 있겠지요. 친구이거나 선배일 수도 있고요. 평상시에 내 이야기를 잘 들어주는 사람이라면 성적인 궁금증에 대해 대답도 잘해주실 거예요.

성적인 질문을 할 때는 예의 바른 태도로 하는 게 중요합니다. 먼저 내가 진짜 궁금한 것이 무엇인지 정리를 해봅니다. 월경통을 해결하는 방법을 알고 싶은 건지, 자위를 자주 해서 고민이 된다든지, 성기에 대해서 알고 싶은 게 많다든지 하는 질문의 내용을 정리해 봅니다.

질문을 누구에게 어떤 내용으로 할지를 정했다면, 어떤 시간에 질문할지도 생각해 보세요. 먼저 시간을 내주실 수 있는지 물어보면 더 좋겠지요. 질문에 대한 충분한 답을 듣기를 원한다면 질문을 건넬 사람이 편하게 대화를 나눌 수 있는 시간을 기다립니다.

성에 대한 질문들을 누군가에게 하는 것에 부끄러워하지 않아도 됩니다. 상대에 대한 예의를 지킨다면 자신이 알고 있는 선에서 대답을 해주는 사람들이 많다는 것을 기억하세요."

새로운 성교육을 위한 책 소개

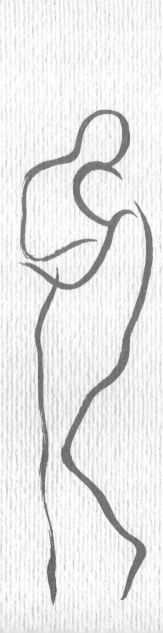

더 나은 존재가 되기 위해서 날마다 조금씩 노력하는 이야기, 다정한 말과 친절한 태도를 가지려 애쓰는 이야기, 폭력의 피해자였던 이가 자신의 삶을 당당하게 일으켜 세우는 이야기, 상처 입은 사람이 자신을 사랑할 수 있게 된 이야기가 책 속에 가득합니다.

저 역시 이런 책들을 읽으며 용기를 얻었습니다. 진심을 전하는 강의를 하고 싶어서, 더 나은 부모가 되려고 책을 거울삼아 자주 스스로 비춰보았습니다. 지금의 제가 되기까지 책 읽기에 많은 부분 빚을 지고 있습니다. 현재와 다른 존재가 되기를 원할 때, 책 읽기는 좋은 길잡이가 됩니다.

사회를 변화시키고 싶다면 사회를 정확한 관점에서 이해하는 공부의 과정이 필요합니다. 성교육을 잘하고 싶다면 우리 사회의 성 문화를 바르게 이해하고 문제를 진단할 수 있어야 합니다. 성폭력 피해 당사자의 글, 성소수자가 경험한 이야기, 아이들의 목소리가 살아있는 글은 우리의 고정관념을 깰 힘이 있습니다. 공감의 공간을 확장하고 내가 가진 통념을 깨트리려면 다른 이야기를 읽고 듣는 과정을 반드시 거쳐야 합니다.

강연장에서 매번 책을 추천해 달라는 분들을 만납니다. 성교육을 잘하고 싶고, 더 공부하고 싶은 분들을 위해 고른 책을 소개해 드립니다.

더 좋은 부모가 되도록 돕는 책

야누슈 코르착은 "N명의 부모가 있다면 N개의 교육이론이 있다"고 말했습니다. 내 아이를 키우는 나의 역사, 나의 지침이 곧 내 아이를 키운 나 자신의 교육 이론이 되는 것입니다. 부모인 나부터 잘 살아가기 위해, 더 나은 존재로 성장하기 위해, 아이들에게 단단한 삶의 뒷모습을 보여주는 데 도움을 줄 수 있는 책입니다.

- 《나를 지키는 결혼생활》 샌드라 립시츠 뱀, 김은령 옮김, 김영사, 2020
- 《두 번째 산》 데이비드 브룩스, 이경식 옮김, 부키, 2020
- 《부모 되기, 사람 되기》 고병헌 외, 민들레, 2020
- 《행복을 배우는 덴마크 학교 이야기》 제시카 조엘 알렉산더, 고병헌 옮김, 생각정원, 2019
- 《엄마의 20년》 오소희, 수오서재, 2019
- 《나는 뻔뻔한 엄마가 되기로 했다》 김경림, 메이븐, 2018

우리 아이들이 어떤 사회에서,

어떻게 자라고 있는지 이해를 돕는 책

치열한 경쟁 사회에서 내 아이를 잘 키우고 싶은 부모의 마음과 욕심이 아이들의 현실을 어떻게 만들었는지 이야기하는 책입니다. 아프게 들여다봐야만 새로운 변화의 시작점을 찾을 수 있습니다. 청소년 자살률 1위, '이생망(이번 생은 망했어)'을 입에 달고 있는 아이들, 놀이터를 잃어버린 아이들, 혐오의 표현을 일상어로 사용하는 아이들을 키워낸 사회를 들여다볼 수 있습니다.

- 《소녀는 어떻게 어른이 되는가》 레이첼 시먼스, 강나은 옮김, 양철북, 2021
- 《포르노랜드》 게일 다인스, 신혜빈 옮김, 열다북스, 2020
- 《N번방 이후 교육을 말하다》 김동진 외, 학이시습, 2020
- 《온라인 그루밍 성범죄》 엘레나 마르텔로조, 탁틴내일 옮김, 한울림, 2019
- 《혐오, 교실에 들어오다》 이혜정 외, 살림터, 2019
- 《이상한 정상가족》 김희경, 동아시아, 2017

아이들의 힘과 아름다움을 발견하도록 돕는 책

내 아이 말고 존재로서의 '어린이'를 우리는 온전히 이해하고 있을까요? 아이들을 어떻게 가르칠지, 어떻게 키울지를 고민할 뿐 아이들의 세계를 조용히 들여다보고 존중하는 어른은 드문 현실입니다. 어른이 되어가는 과정에 있는 덜 자란 존재가 아니라, 그 자체로 온전하게 자신의 삶을 살아가고 있는 어린이들의 이야기입니다. 단지 어른이라는 이유로 자꾸만 아이들을 가르치려 드는 마음을 조용히 누를 힘이 생깁니다.

- 《배움의 발견》 타라 웨스트오버, 김희정 옮김, 열린책들, 2020
- 《부지런한 사랑》 이슬아, 문학동네, 2020
- 《어린이라는 세계》 김소영, 사계절, 2020
- 《완벽한 아이》 모드 쥘리앵, 윤진 옮김, 복복서가, 2020

부모가 먼저 읽어야 할 성교육 책

성교육 책 중 좋은 관점을 바탕으로 구체적인 정보가 자세히 담겨 있는 책을 선정했습니다.《아무도 대답해주지 않은 질문들》은 페미니즘 관점으로 쓰인 성교육 책입니다. 성폭력이 만연한 우리 사회에 어떤 내용의 성교육이 필요한지 잘 정리되어 있습니다.《일단 성교육을 합니다》는 아들을 키우는 부모님이나 남자의 성을 잘 알고 싶은 어른을 위한 책입니다.《질의 응답》은 여성의 성을 집중적으로 다룹니다. 여성의 성적 욕망에 대하여 이토록 긍정적으로 이야기한 책은 보지 못했던 것 같습니다. 여성의 몸에 대해서 몰랐던 것을 많이 알게 해준 책입니다.《돌직구 성교육》은 부모의 입장에서 쓰인 책이라 실제 관계에 적용하기 좋은 내용을 다루고 있습니다. 초등학교 고학년, 중학생 정도의 아이들이라면 같이 읽고 토론하는 것도 추천합니다.

- 《일단, 성교육을 합니다》인티 차베즈 페레즈, 이세진 옮김, 문예출판사, 2020
- 《질의 응답》나나 브로크만, 엘렌 스퇴켄 달 공저, 김명남 옮김, 열린책들, 2019
- 《아무도 대답해주지 않은 질문들》페기 오렌스타인, 구계원 옮김, 문학동네, 2017
- 《돌직구 성교육》제인 폰다, 나선숙 옮김, 예문아카이브, 2016

저학년 아이를 위한 성교육책

- 《동의》레이첼 브라이언, 노지양 옮김, 아울북, 2020

- 《아기가 어떻게 만들어지는지에 대한 놀랍고도 진실한 이야기》피오나 커토스커스, 이승숙 옮김, 고래가숨쉬는도서관, 2018

- 《아기는 어떻게 태어날까?》페르 홀름 크누센, 정주혜 옮김, 담푸스, 2017

- 《내 몸은 나의 것》린다 월부어드 지라드, 로드니 페이트 그림, 권수현 옮김, 문학동네, 2007

- 《슬픈 란돌린》카트린 마이어, 아네테 블라이 그림, 허수경 옮김, 문학동네어린이, 2003

- 《엄마가 알을 낳았대》배빗 콜, 고정아 옮김, 보림, 2000

고학년 아이를 위한 성교육책

- 《그래서, 동의가 뭐야?》 저스틴 행콕, 푸크시아 맥커리 그림, 김정은 옮김, 픽(잇츠북), 2021
- 《생리를 시작한 너에게》 유미 스타인스, 멜리사 캉, 초등젠더교육연구회 아웃박스 공저, 제니 래섬 그림, 김선희 옮김, 다산어린이, 2021
- 《소녀들을 위한 내 마음 안내서》 로렌 리버스, 초등젠더교육연구회 아웃박스 공저, 안윤지 옮김, 휴머니스트, 2021
- 《소년들을 위한 내 몸 안내서》 스콧 토드넘, 김정은 옮김, 휴머니스트, 2020
- 《소녀들을 위한 내 몸 안내서》 소냐 르네 테일러, 김정은 옮김, 휴머니스트, 2019
- 《걸스 토크》 이다, 시공주니어, 2019
- 《성교육 상식사전》 다카야나기 미치코 엮음, '인간과 성' 교육연구소 지음, 남동윤 그림, 김정화 옮김, 길벗스쿨, 2015

젠더 감수성을 키워주는 책

부모가 젠더 감수성을 가져야 하는 이유는 내 아이를 사회가 요구하는 기준이 아니라 내 아이가 원하는 모습으로, 자기 삶의 주인으로 살아갈 수 있도록 돕기 위해서입니다. 남자답지 않아도 비난받지 않고 여자답지 않아도 차별받지 않는 사회를 만들기 위해서는 부모의 젠더 감수성이 필수입니다. 실제 일상에서 아이들에게 어떤 말들을 써야 하는지, 어떤 이야기를 들려주어야 하는지, 어떤 역할 모델이 되어야 하는지를 전하는 책을 소개합니다.

- 《나의 아들은 페미니스트로 자랄 것이다》 오렐리아 블랑, 허원 옮김, 브레드, 2021
- 《젠더 프리》 카일 마이어스, 권은정 옮김, 위즈덤하우스, 2021
- 《모두를 위한 성평등 공부》 이나영 외, 프로젝트P, 2020
- 《젠더 감수성을 기르는 교육》 박상옥, 민들레, 2020
- 《스웨덴식 성평등 교육》 크리스티나 헨켈 , 마리 토미치 공저, 홍재웅 옮김, 다봄, 2019
- 《예민함을 가르칩니다》 초등젠더교육연구회, 서해문집, 2018
- 《엄마는 페미니스트》 치마만다 응고지 아디치에, 황가한 옮김, 민음사, 2017
- 《멀고도 가까운》 리베카 솔닛, 김현우 옮김, 반비, 2016
- 《셀프 혁명》 글로리아 스타이넘, 최종희 옮김, 국민출판, 2016

아이에게 읽어주면 좋은 젠더 감수성 동화책

- 《야, 그거 내 공이야》조 갬블, 남빛 옮김, 후즈갓마이테일, 2021
- 《사이클 선수가 될거야》호안 네그레스콜로르, 남진희 옮김, 우리교육, 2020
- 《잘노는 숲속의 공주》미깡, 신타 아리바스 그림, 후즈갓마이테일, 2020
- 《메리는 입고 싶은 옷을 입어요》키스 네글리, 노지양 옮김, 원더박스, 2019
- 《원피스를 입은 아이》크리스틴 발다키노, 이자벨 말랑팡 그림, 신수진 옮김, 키다리, 2019
- 《할머니의 트랙터》알셀모 로베다, 파올로 도메니코니 그림, 김현주 옮김, 한겨레아이들, 2019
- 《여자 남자, 할 일이 따로 정해져 있을까요?》나카야마 치나쓰, 야마시타 유조 그림, 고향옥 옮김, 고래이야기, 2018
- 《백설공주와 일흔일곱 난쟁이》다비드 칼리, 라파엘르 바르바네그르 그림, 이정주 옮김, 아르볼, 2017
- 《나는 여자예요!》야스민 이스마일, 서소영 옮김, 키즈엠, 2016
- 《뜨개질하는 소년》크레이그 팜랜즈, 마가렛 체임벌린 그림, 천미나 옮김, 책과콩나무, 2015
- 《올리비아는 공주가 싫어!》이안 팔코너, 박선하 옮김, 주니어김영사, 2012
- 《내 멋대로 공주》배빗 콜, 노은정 옮김, 비룡소, 2005

성폭력 생존자들의 이야기가 담긴 책

언론은 성폭력 생존자들의 이야기를 '사건'으로만 다룹니다. 언제, 누구에게, 어떤 일이 일어났는가만 선정적으로 다룹니다. 생존자들이 겪고 있는 고통의 서사는 어디서도 다루지 않습니다. 우리는 그들의 삶이 어떻게 부서지고, 어떻게 다시 세워졌는지, 그들의 아픔과 그들의 용기를 들을 수 있어야 합니다. 추측과 비난과 평가의 잣대로 생존자들의 경험을 이미 안다고 말해서는 안 됩니다. 생존자들이 말하는 성폭력의 경험을 진심으로 듣고자 하는 자세, 공감해 보려고 최선을 다해 읽는 태도가 필요합니다. 언젠가 책에서 읽은 성폭력 생존자의 이야기가 아직도 마음에 선연하게 남아 있습니다. '강간당한 사람은 어떻게 살아가야 하는가?'라는 답을 찾기 위해 도서관의 책들을 날마다 찾아 헤맸지만 찾을 수 없었다는 말이었습니다. 강의 현장에서도 생존자들이 직접 쓴 책을 자주 권합니다.

- 《김지은입니다》 김지은, 봄알람, 2020
- 《눈물도 빛을 만나면 반짝인다》 김영서, 이매진, 2020
- 《우리가 우리를 우리라고 부를 때》 추적단 불꽃, 이봄, 2020

장애인 인권에 대한 이해를 돕는 책

성 평등을 말하면서 장애인에 대한 차별에 눈 감고 있을 수는 없습니다. 성별 고정관념의 말들에 예민하게 반응하면서 장애인과 성소수자를 비하하는 말을 써서는 안 됩니다. 잘 알 때까지 배워야 합니다. 장애인 인권교육을 할 때는 혹여 내가 전하는 말에 편견이 묻어 있지는 않은지 매번 조심스럽고 어렵습니다. 장애인과 비장애인이 함께 어울려서 살아가려면 우리가 세운 분리의 벽을 허물 수 있도록 돕는 교육이어야 하기 때문입니다. 우리 내면에 깊숙하게 똬리를 틀고 있는 오래 묵은 차별의 언어를 꺼내 볼 수 있도록 돕는 책들을 골랐습니다. 장애인에 대한 글이 아니라 장애인 당사자가 풀어내는 진득한 삶의 이야기를 마음으로 듣고 공감해 보세요.

- 《그냥, 사람》 홍은전, 봄날의책, 2020
- 《어른이 되면》 장혜영, 시월, 2020
- 《누구나 꽃이 피었습니다》 김예원, 버닝피치 그림, 이후, 2019
- 《실격당한 자들을 위한 변론》 김원영, 사계절, 2018
- 《나를 대단하다고 하지 마라》 해릴린 루소, 허형은 옮김, 책세상, 2015
- 《반짝이는 박수 소리》 이길보라, 한겨레출판사, 2015

《딸에 대하여》에 등장하는 엄마가 두려워하는 것은 레즈비언이라는 이유로 일할 권리를 빼앗기고, 타인의 편견과 혐오에 시달리고, 일상을 위태롭게 위협하는 무자비한 폭력과 근거 없는 분노 안에서 고통받게 될 딸아이의 미래입니다. 딸의 세계에는 세상 모든 귀한 것들만 담기기를 바라는 마음이 사무치게 간절해서, 어떻게든 딸을 세상의 폭력으로부터 막아주고 싶은 마음이 절절해서, 결국 엄마는 딸의 존재를 응원하는 사람으로 용감하게 걸어갑니다. 엄마는 딸이 만난 첫 사람이자 딸을 지켜 줄 마지막 사람이기에 씩씩하게 걸어가기를 선택합니다.《커밍아웃 스토리: 성소수자와 그 부모들의 이야기》에는 성소수자인 아이를 어떻게든 바꿔보려고 애를 쓰다가 긴 고통의 시간 끝에 아이를 있는 그대로 받아들이고 울타리가 되어주기로 선택한 부모들의 용감한 이야기가 담겨 있습니다. 마지막으로《무지개 성 상담소》는 성정체성을 고민하는 아이들에게 구체적으로 어떤 말을 해야 하는지에 대한 다양한 사례들이 실려 있습니다.

- 《커밍아웃 스토리: 성소수자와 그 부모들의 이야기》성소수자부모모임, 한티재, 2018
- 《딸에 대하여》김혜진, 민음사, 2017
- 《무지개 성 상담소》동성애자인권연대 외, 양철북, 2014

에 필 로 그

지난해 가을, 〈카일라스 가는 길〉이라는 다큐멘터리를 보았습니다. 83세의 여성이 아들과 함께 2만 킬로미터가 넘는 티베트 성지 순례길을 걷는 이야기입니다.

그는 걸으면서 길가에 핀 꽃 한 송이도 감탄하며 들여다보고, 떠오르는 해를 보기 위해 온 힘을 다해 달립니다. 빨간 해 앞에서 두 손을 번쩍 들고 환호합니다. 인생이 이렇게 멋질 수가 없다고 벅차오르지요. 길에서 만나는 아이들을 따뜻하게 안아주고 여행자들에게 작은 사탕을 사랑처럼 건네줍니다. 기도를 드리기 좋은 장소에 도착하면 자신이 아닌 다른 이들을 위해 간절한 기도를 드립니다. 걷지 않는 시간에는 글을 씁니다. 구겨진 노트를 무릎에 올리고 젊어서 사별한 남편에게 이 아름다운 광경을 전하는 기록을 남깁니다.

매 순간을 사랑하며 살아가는 어른의 얼굴, 삶을 잘 살아낸 어른이 보여줄 수 있는 가장 아름다운 웃음을 보았습니다. 그 모습이 정말 좋아서 눈물이 멈추지 않았습니다. 닮고 싶다는 마음이 간절해졌습니다. 이 책을 쓰는 내내 그 마음에 손을 담그고 있었습니다.

부모가 성교육을 잘하기 위해 준비해야 할 것은 아이를 있는 그대로의 존재로 사랑할 수 있는 용기와 다정한 언어입니다. 성교육은 부모의 삶과 말로 전해지는 것이므로 무엇보다 '부모가 어떻게 살아가느냐'가 가장 중요합니다. 수학 선생님이 수학 실력을 갖추는 것과 같은 이치이지요. 수학을 잘 가르치기 위해 연구를 열심히 할수록 가장 먼저 선생님의 실력이 느는 것과 닮았습니다.

성교육을 잘하기 위해 책을 많이 읽고 공부할수록 부모는 자신의 삶을 더 멋지게 살아가고 싶어집니다. 아이를 더 깊이 존중하게 되고 아이에게 더 진한 사랑의 말을 할 수밖에 없습니다. 책 속에는 상처를 치유하고 더 나은 존재가 되게 하는 힘, 나와 다른 사람을 사랑하는 힘 있는 말로 가득합니다. 그런 말을 자주 읽고 듣다 보면 어느덧 우리의 몸에도 그 힘이 새겨집니다. 우리를 변화시킵니다. 이

힘이 있어야만 약자의 이야기를 정성 들여 들을 수 있습니다. 이 모든 성찰과 공부의 과정이 결국 당신 삶을 풍성하게 만들어 주는 방향으로 흘러갈 것입니다.

이 책을 다 읽은 당신 마음에도 사랑할 수 있는 용기가 차 있으면 좋겠습니다. 성교육을 잘하고 싶은 마음으로 시작한 책 읽기에서 삶을 더 잘 살아갈 힘을 얻었으면 합니다. 제 책이 자기계발서 코너에 꽂혔으면 좋겠다고 생각했습니다. '삶을 변화시키고 싶다면', '당신도 할 수 있는' 이런 마법 같은 부제가 붙어서, 누구라도 가볍게 펼쳐 볼 수 있고, 쉽게 읽을 수 있는 책으로 말입니다.

'존중과 사랑이 전제된 성적 관계'를 맺을 수 있는 주체로 성장해가는 것은 우리 모두에게 중요한 삶의 주제입니다. 이 책을 통해 독자 여러분 삶의 자리에서 작은 변화와 실천이 시작되면 좋겠습니다.

가족들에게 깊은 사랑과 감사를 전합니다. 내 몸속에 사회가 요구하는 이상적인 엄마가 들어와 살던 시절, 엄마인 나의 말을 덜 듣고 자기 뜻대로 용감하게 살기를 택했던 큰딸 태은이가 있었기에 지금 이 책이 세상에 나올 수 있었습니다. 태은이는 제 글을 가장 먼저 읽어주는 첫 번째 독자이자, 따뜻하고 날카로운 비평자입니다. 남편은 내 속에 머물던 상처받은 어린 자아에 한결같은 다정함의 이불을 덮어 준 어른이었습니다. 사랑하고 존경합니다. 함께 산티아고 순례길을 걷고 글 쓰는 삶을 사는 나의 둘째 태윤이, 산티아고에서 꼿꼿하게 걷는 그의 뒷모습을 자랑스럽게 지켜보곤 했습니다. 앞으로도 자기 생의 길을 씩씩하게 걸어갈 둘째 뒤를 부지런히 따라가 보려 합니다. 그대들이 있어, 나의 사랑하는 힘은 날마다 커지고 세지고 있습니다.

2021년 여름

사랑의 말들을 전하며

김항심

모두를 위한 성교육
─────────────
사랑하는 힘을 키우는 시간

1판 1쇄 발행 2021년 8월 27일　1판 3쇄 발행 2023년 10월 20일

지은이　김항심
펴낸이　정태준
편집장　자현

편　집　곽한나, 김라나, 자현
디자인　김주연
마케팅　안세정

펴낸곳　책구름(출판등록 제2019-000021호)
팩스　0303-3440-0429　전자우편　bookcloudpub@naver.com

ⓒ김항심 2021

ISBN 979-11-974889-7-9 [03330]